12종 교과서에서 가려뽑은
중학
영단어
대표선수

12종 교과서에서 가려뽑은
중학 영단어 대표선수

지은이 | 강홍식 · 박상준
펴낸이 | 김성은
편집기획 | 최인수 · 여미숙 · 한계영
마케팅 | 이병진 · 김남숙 · 이유진
본문 디자인 · 편집 | 하람커뮤니케이션(02-322-5405)
인쇄 | (주)중앙P&L
제본 | 대흥제책
펴낸곳 | 타임스퀘어(윈타임즈)
출판등록 | 제313-2008-000030호(2008.2.13)

2판 1쇄 발행 | 2009년 2월 20일
2판 2쇄 발행 | 2010년 6월 15일

주소 | 121-816 서울시 마포구 동교동 113-81
전화 | 편집부 (02) 322-5463, 영업부 (02) 335-6121
팩스 | (02)325-5607
e-mail | kse@wintimes.co.kr

ISBN 978-89-93413-12-0 53740
책값은 뒤표지에 있습니다.

© 2004, 강홍식 · 박상준, Printed in Korea.

· 잘못된 책은 바꾸어 드립니다.
· 저자의 허락 없이 무단 전재나 복제를 금합니다.

강홍식 · 박상준 지음

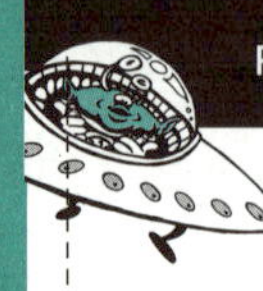

이 책을 보는 독자에게

단어 암기에 있어서 가장 힘든 점은 무작정 외워야 한다는 것이겠지요. 모든 공부에는 첫 번째로 '이해'가 필요하고, 두 번째로 '암기' 내지는 '숙지'가 필요합니다. 하지만 단어 공부는 '이해' 부분은 쏙 빠진 채 '암기'만 하고 있으니 힘들 수밖에요. 단어도 이해하면서 공부하면 훨씬 쉬워질 것입니다.

단어를 암기하는 방법으로 〈어근 접근법〉이라는 것이 있습니다. 예를 들어 'submarine(잠수함)' 'subway(지하철)' 등의 단어를 보면 알 수 있듯이 sub-이라는 부분은 뭔가 '밑으로 다니는' 것을 의미한다는 것을 느낄 수 있습니다. 그리고 species는 '종류'라고 할 때의 '종'이라는 뜻이라는 것을 짐작할 수 있으므로 subspecies는 '하위종'이란 뜻임을 알 수 있습니다. 이런 것을 일컬어서 〈어근 접근법〉이라고 합니다. 하지만 이 방법에는 치명적인 결함이 있는데, 모든 단어가 이 어근으로 해결하기에는 너무 복잡하다는 것입니다. 아주 명료하게 의미가 있는 sub-라는 접두어처럼 모든 어근이 명료한 의미를 갖는 것이 아닙니다. 어근으로 '모든' 단어를 공부하는 시대는 지났습니다.

다음으로 〈연상 기억법〉이란 것이 있습니다. 예를 들어 charity(자선)라는 단어가 몇 번씩 암기를 해도 잘 안 외워지던 단어였는데, "채림이 티를 자선단체에 기부했다"는 문장으로 외우니 잘 외워지게 되었습니다. 좀 유치하긴 하지만 이런 학습법을 〈연상 기억법〉이라고 합니다.

하지만 이 방법 역시 문제가 있습니다. 이런 식으로 외울 수 있는 단어는 몇 개 정도일 뿐, 수많은 단어를 모두 이런 식으로 외울 수는 없습니다. 도저히 안 외워지는 단어 몇 개 정도만 이렇게 암기했을 때가 가장 효과적입니다.

마지막으로 일상 생활에서 쓰이는 외래어 등을 통해서 단어를 익히는 방법이 있습니다. '트리트먼트 샴푸' 광고를 보고 '트리트먼트(treatment)'가 '치료, 취급'이라는 뜻을 알게 되는 것 등이 그 예입니다. 하지만 이 방법 역시 단점이 있지요. 광고에 안 나오는 영어는 어떻게 외워야 할지 막연하다는 것입니다.

그럼 가장 효과적인 방법이 없을까요?
위에 나열한 방법을 모두 동원하는 것이 최선의 방법입니다.
어근으로 외워서 효과적인 단어들은 어근으로 외우고, 안 외워지는 단어들은 연상 기억법도 써보고, 광고문구들을 유심히 보아두었다가 사전을 찾아가며 외우고, 그래도 안 외워지면 그냥 연습장에 수십 번 써가면서도 외우고, 인터넷 검색창에서 모르는 단어를 검색해서 예문을 찾아가며 외우고, 하여간 모든 수단과 방법을 다 동원하고 오감을 동원하여 숙지해야 합니다. 그것이 올바른 방법이고 그것이 단어 암기의 정답입니다.

단 이때 주의해야 할 사항이 한 가지 있습니다. 단어를 짐으로 생각하면 안 됩니다. 단어 하나하나에 애정을 가지고 공부를 해야 한다는 것입니다. 예를 들면 "전구가 영어로 뭐지? 정말 궁금해 죽겠네"라는 자세가 가장 효과적인 단어 학습의 자세입니다.

"전구가 왜 이렇게 종류가 많아? 백열등, 형광등, 스탠드… 이런 것들을 다 따로 외워야 되는 거야? 아휴, 힘들어 죽겠네!" 이런 자세는 안 된다는 것이지요.

단어 하나하나에 애정을 가지고 공부를 하는 사람들의 경우엔 발음 하나라도 틀리지 않게 정확하게 학습을 합니다. 단순히 단어를 짐으로만 여기면 철자 암기하는 것만으로도 벅차기 때

문에 발음에는 신경 쓸 여유가 없게 되지요. 이는 자세의 차이
입니다.

이 책에는 잘 보지도 않게 되는 발음기호말고도 그 옆에 정확
한 우리말 발음을 표기해두었습니다. 이 책에서의 우리나라말
발음 표기는 비교적 정확하게 되어 있습니다.
한글 발음을 보실 때 주의하실 점은, 회색으로 된 발음은 거의
들리지 않을 정도로 약하게 발음해야 합니다. 그리고 괄호 안
에 있는 발음은 바로 앞에 있는 발음과 중간 정도의 발음을 내
라는 표시입니다.

아무쪼록 이 책으로 인하여 여러분들께서 단어 공부를 한시름
놓을 수만 있다면 그것 이상 필자가 바랄 것은 없겠지요. 건투
를 빕니다.

2004년 가을
저자 강 홍 식 · 박 상 준

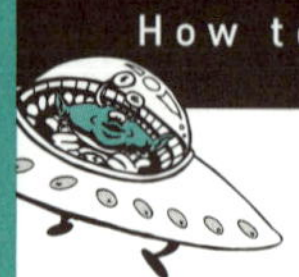

효과적인 영어 학습법

영어 공부에 있어서 가장 힘든 부분이 단어 암기일 것입니다. 하지만 단어뿐 아니라 절대 소홀할 수 없는 다른 부분들이 있지요. 듣기, 말하기, 작문, 독해입니다.

단어력이란 다만 이 네 가지를 원활하게 습득할 수 있는 기본기를 다지는 것일 뿐이므로, 너무 단어 공부에만 시간을 투자해서는 안 될 것입니다. 실제로 고입 시험을 비롯한 각종 영어 시험에서는 매년 출제 유형을 변형시켜서 시험을 치르게 하고 있습니다.

매년 변하는 것이 유형이고, 매년 변하는 것이 영어 시험입니다.

이런 변화에 대처하기 위해선 가장 기본이 되는 것이 단어이지요. 잘 만들어진 단어책 한 권만 탐독하면 해결이 될 것입니다. 단어에 대한 기초를 쌓은 후 위의 네 가지(듣기, 말하기, 작문, 독해)도 병행해서 공부하셔야 할 것입니다. 여기서는 단어 공부 방법, 독해와 작문 공부 방법, 듣기 공부 방법, 발음 공부 방법을 제시하여 어떤 유형의 시험에도 완벽하게 대비할 수 있는 길잡이가 되고자 합니다.

1. Vocabulary

많은 학생들이 영어공부를 하고, 많은 학생들이 자신들의 영어 실력을 빨리 향상시키고 싶어하지만, 대부분의 학생들은 엄청난 시간과 돈을 투자하면서도 만족할 만한 성과를 거두지 못하고 있습니다. 많은 학생들이 자신들의 단어 실력이 부족하다고 느끼고, 무조건적인 암기만으로 단어를 꾸역꾸역 외우는 습관을 갖고 있습니다만, 본 글에서는 다양한 단어 숙지 방법을 제시하여 효과적인 단어학습의 길을 제시하고자 합니다.

효과적인 단어 학습법

단어 실력은 사실 독해 능력과도 직결될 때가 많습니다. 모르는 단어 하나 때문에 전체 글의 내용이 이해되지 않아 곤란을 겪어본 적이 많으실 겁니다. 그런데 여기서 문제가 되는 것은 단어 습득 방법에 있습니다. 일선의 영어 선생님들조자도 단어 학습법을 무시하고 학생들 보고 무조건 외우라고 하는 경우가 많은데, 바람직하지 못한 방법입니다.

TESOL(영어교육학) 분야가 대부분을 차지하는 응용언어학에서도 Vocabulary의 교육과 습득은 하나의 중요한 문제로 자리잡고 있고, 많은 연구 논문들이 나와 있습니다. 그 논문 결과들의 공통점 중의 하나가 다양한 단어 학습 방법을 적용한 학습자가 많은 단어를 오래도록 기억한다는 사실입니다. 단어 학습 방법의 예를 들자면 다음과 같습니다.

1. 사전을 이용하지 않고 문장 혹은 내용 속에서 의미를 추론한다.
2. 모르는 단어를 사전(한영, 영영사전)을 이용해서 찾아본다
3. 연상 기억법을 활용한다.
4. 글 전체 중 모르는 단어가 있으면 문맥에 의해 의미를 파악하는 독해 위주의 단어 학습을 한다.
5. Flash card를 이용한다.

위의 여러 skill 중 한 가지만 고른다면, 1번이 가장 바람직한 방법이라는 것이 현재 TESOL학계의 공통된 의견입니다. 사실 TOEFL의 vocabulary문제의 출제 방향도 그런 방향으로 몇 년 전 전환되었습니다. 예전에는 따로 단어의 동의어를 묻는 문제들이 여럿 있었는데 현재는 독해 문제 중 어려운 단어의 의미를 묻는 문제들로 바뀌었습니다. 시험 보는 사람의 입

장에서 바람직한 전환이지요. 단어 뜻을 잘 몰라도 문장 중, 글 내용 중 추론하여 뜻을 알아낼 수 있으니까요.

우선 문장 속에서 단어의 의미를 파악해보도록 시도해보시고 확인을 원하시면 그때 가서 사전을 찾아 보십시오. 너무 조급하게 많은 단어를 짧은 시간에 외우려고 하지 마시고 한 단어, 한 단어의 의미를 음미해가며 즐기십시오.

단어 노트를 만들어서 새로운 단어, 용법들을 기록해보는 것도 좋은 방법일 것입니다. 이 경우 앞서 언급한 flash card를 이용하면 좋을 것입니다. 외운 단어는 책상 위에 쌓아놓고, 일주일 뒤 책상 위에 있는 단어 중에 잊어먹은 단어는 다시 끼워서 외우고 하는 식으로 한다면 2~3주 뒤에는 책상에 단어 용지가 많이 쌓이게 되고 뿌듯해질 것입니다.

결론을 내자면, 평소 다양한 방법으로 단어를 익혀야 한다는 것입니다. 다양한 방법의 적용이야말고 단어 학습의 지름길이라는 것을 명심하세요.

2. Pronunciation

발음 학습에는 크게 두 가지 종류가 있습니다. 첫 번째는 각각의 자음, 모음 학습이 있고, 두 번째로 억양, 리듬 등의 광범위한 의미의 발음 학습이 있습니다. 우리나라 사람들이 가장 어려워하는 발음에는 r과 l의 구별, f와 p, v와 b, θ와 ð등이 있습니다. 억양의 경우도, 안 되는 사람은 도저히 고칠 수 없어 전형적인 한국어 억양으로밖에 발음할 수 없는 사람들이 꽤 있지요. 사실 영어를 모국어로 하지 않는 이상, 특유의 액센트는 가지고 있게 마련이지요. 다만 안 좋은 발음으로 인해 대화에 문제가 생긴다면 그것은 고쳐야 합니다. 여기서 진짜 문제는 한국인들끼리는 서로 알아듣지만 미국인과 대화할 때는 전혀 의사소통이 안 되는 경우겠지요. 윗니를 아랫입술에 대고 '퓌직스' 하는 것과, '피라미'의 '피' 발음으로 '피직스' 하는 것은 우리들끼리 들으면 문제 없이 둘다 physics(물리학)[fiziks]를 가리키는 것이지만, 미국인에게 "마이 메이쥐 이즈 피직스[piziks]"라고 하면 십중팔구 "What? Business?"라고 되물을 것입니다. f를 p로 바꾸어 발음하면 절대 못 알아 듣습니다.

발음 학습에 앞서 중요한 것은, 과연 본인의 발음이 원어민에게도 통하는지를 알아야 합니다. 어느 정도 무리 없이 미국인과 대화가 가능하다면 굳이 미국에서 태어난 사람처럼 발음할 필요는 없습니다. 제가 다녔던 미국 학교에 핀란드에서 온 학생이 있었는데, 미국생활 5년 후 네이티브 발음을 갖게 되었다고 합니다. 그 학생은 가끔 외국인 액센트가 있는 영어를 계속 유지할 걸 하는 심정을 토로하기도 합니다. 왜냐하면 미국인과 대화할 때, 가끔 단어 등이 막혀 대화가 중단되기라도 하면, 자신을 무시하는 건가 하는 오해를 사기 때문이랍니다. 자신이 미국인이 아니고 미국서 태어나지도 않았다고 해명한 다음에야 오해가 풀어진다는 얘기를 하더군요. 어떤 경우에는 발음이 유창할 경우 미국인들에게서 "외국인이니까 이곳 문화를 잘 몰라서 그러겠지" 하는 이해를 바라기 힘듭니다. 따라서 발음 학습의 목표는 "원어민이 알아 들을 수 있는" 정도까지만 하면 될 것입니다.

자신의 영어 Reading을 녹음해서 분석해보는 것도 좋은 방법이겠지요. 평소에는 느끼지 못했던 여러 잘못된 발음을 찾아낼 수 있을 것입니다. 한 가지 명심해야 할 것은, 처음부터 잘못된 발음을 잘못된 줄 모르고 계속 쓰다가 나중에 깨달았을 때 이미 그 발음이 고착되어 고칠 수 없게 된다는 점입니다. 처음부터 가능한 한 정확한 발음을 구사하는 훈련을 해야 합니다. 자신이 취약한 발음을 끊임없이 큰소리로 반복 연습을 하면 어느새 정확한 발음을 구사하는 실력자가 되어 있을 것입니다.

외국어를 배운다는 것은 우리와 전혀 다른 문화와 사회를 배우는 것을 의미합니다. 수동적인 자세로는 결코 외국어를 제대로 배울 수 없습니다. 적극적으로 주위 강사나 선생님과 대화하고, 영어 문장을 소리내서 읽어보는 등의 적극적인 자세가 필요합니다. 그리고 자신의 문제되는 발음을 선생님께 지적받았다면, 그 부분에 중점을 두어 소리내어 읽는 연습을 꾸준히 하십시오.

3. Listening & Speaking

우리나라는 영어권 국가가 아니기 때문에 실제 원어민의 발음을 접할 기회가 많지 않습니다. 원어민 발음은 연음도 많고 이상하게도 빨리들 말하기 때문에 (사실 우리가 그렇게 느끼는 것일 뿐이지만) 알아듣기 힘들지요.

하지만 Listening 향상을 위한 효율적인 방법은 있습니다. 먼저 자신이 관심 있는 분야의 교재를 택하십시오. 팝송 따라 부르기를 좋아한다면 그걸로 시작해도 괜찮을 것입니다. 영화를 좋아한다면 영화 속 명대사로 이루어진 청취 교재를 사서 보셔도 됩니다. 하지만 한 가지 명심해야 할 것이 있습니다. 절대 서두르지 말라는 것입니다.

처음에는 팝송 한 곡 안 보고 따라 부르는 데 3~4일도 걸리고 1주일도 걸립니다. 하지만 한 곡, 두 곡 계속 공부하다 보면 서너 곡째쯤에는 반복되는 표현들도 많고 요령도 생겨서 몇 시간만에 한 곡 정도는 충분히 소화해 낼 정도로 학습 속도가 향상될 것입니다. 그렇다면 이제는 향상된 학습 속도로 매일 30분씩이라도 꾸준히 공부하기만 한다면 여러분의 듣기

능력이 몰라보게 향상될 것입니다. 서둘지 마세요. 처음에는 누구나 시간도 많이 걸리고 힘들지만 가속이 붙을 때까지 꾸준히 하십시오.

그리고 본인의 Listening 교재로 소리내어 읽는 연습을 하십시오. 만약 그 영화 속에서 혹은 팝송 속에서의 상황이 현실에서 비슷하게 연출이 됐을 때, 자기도 모르게 그 상황에 맞는 표현들이 툭 튀어나오게 될 것입니다. 이미 익혔던 익숙한 상황들이고 표현들이니까요. 사실 미국인들이 쓰는 표현들도 많이 한정되어 있습니다. 그런 겹쳐 나오는 표현들은 십중팔구 많이 쓰이는 표현들이지요. 그리고 그런 표현들을 소리내어 흉내낸 다음에는 실전에서 한 번 써먹게 되면 평생 자신의 표현으로 간직할 수 있을 것입니다.

4. Reading & Writing

Reading의 경우도 Listening과 마찬가지로 교재 선택이 대단히 중요합니다. 관심 있는 분야부터 시작하십시오. 외국 소설 읽기를 좋아한다면, 번역 서적 말고, 유명한 작가들의 영한대역 책을 원서로 사서 보십시오. 처음 읽을 때는 모르는 단어도 많고 해서 힘들지만 페이지 수가 넘어갈수록 학습속도에 가속이 붙게 마련입니다. 꼭 영한대역 소설이 아니더라도 자신이 관심있는 분야의 책을 원서로 꾸준히 읽다보면 자신도 모르게 실력이 부쩍 늘 것입니다. 서둘지 말고 천천히 꾸준히 하십시오.

Writing! 영작이야말로 네 가지 영어 skill(listening, speaking, reading, and writing) 중 가장 백미가 아닌가 합니다. Writing에 있어서 가장 중요한 것은 영어로 쓸 기회를 만들어야 한다는 것입니다. 제 경우 펜팔을 했던 기억이 납니다. 서울 올림픽 이야기도 했었고, 취미 생활 얘기 등의 내용을 가지고 펜팔한 기억이 나네요. 당시는 이메일이 없어서 그냥 편지로 주고 받았지만 요즘은 이메일로 펜팔을 많이 하는 것 같습니다.

영어 선생님을 귀찮게도 하고, 문법도 많이 틀리고 엉터리 영어도 많이 썼습니다만, 분명한 것은 그것이 제게는 훌륭한 Writing 기회였던 것이지요. 도움이 많이 됐었습니다. 단순히 영작책을 사서 보는 것과는 천지차이였죠. 영어의 체계와 전혀 다른 언어를 모국어로 쓰는 우리들로서는 실수는 항상 따라다니게 마련입니다.

해결책은 오직 하나, 많이 써보고 본인 스스로 교정하고 선생님의 교정을 받으면서 실수를 줄여나가야 합니다. 여러분도 영어로 쓸 기회를 만드십시오.

5. Wrap-up

외국어 학습에는 무엇보다도 동기가 중요합니다. 그저 남이 하니까 마지못해 해서는 결코 늘지 않습니다. 예를 들면 중고등학교 학생 중 일본 오락게임이나 일본 만화를 엄청나게 좋아하는 학생들이 많습니다. 그런 학생들이 일본어를 배우기 시작하면 엄청나게 잘 합니다. 웬만한 일본어 문장은 다 읽어 내려 가지요. 학교 후배 중에 홍콩 영화에 미친 녀석이 있었는데 중국어도 일상 대화를 나눌 정도로 잘 합니다. 그리고 제가 다니던 미국 학교에 한국에서 유학 온 여학생이 있는데 미국 남자친구를 사귀었었고, 나중엔 프랑스 남자친구를 사귀더니 현재 한국어, 영어, 프랑스어 3개 국어를 자유자재로 하게 되었습니다.

외국어 학습에는 동기가 상당히 중요합니다. 시험 점수 잘 받으려는 동기, 좋은 직장 가려는 동기, 직장에서 승진하고자 하는 동기만으로는 상기에 열거한 동기를 따라 잡을 수는 없겠지요. 하지만 그러한 엄청난 원초적 동기가 없다 하더라도 학습 방법상으로 스스로 동기 부여가 되는 교재를 선택한다거나 기회를 만들어 간다면 좀더 효율적인 학습을 할 수 있을 것입니다.

지금 이 글을 읽고 있는 여러분들 중에서도 영어공부 좀 해야겠다는 생각이 새삼 드는 분들이 계실 것입니다. 하지만, 단발성의 동기부여보다는 무언가 원초적인 동기부여가 필요할 것입니다. 그것은 영어에 대한 재미입니다. 단어? 이 책으로 재미있게 외우십시오. 영작? 펜팔을 하거나 영어 일기를 써보는 등 부딪쳐가며 재미를 느끼십시오. 독해? 재미있는 짧은 소설로 공부하십시오. 청취? 좋아하는 팝송으로 공부하거나 외국인 이성 친구를 사귀어 보세요. 리스닝이 안 늘고 배기나… 기회는 만들어 가야합니다. 누군가가 그 그회를 던져 줄 것이라고 생각지 마세요. 절대로 늦지 않았습니다. 지금부터 시작입니다. 기회를 만드세요!

C O N T E N T S

2 학년 교과서
1종 이상 출현 단어

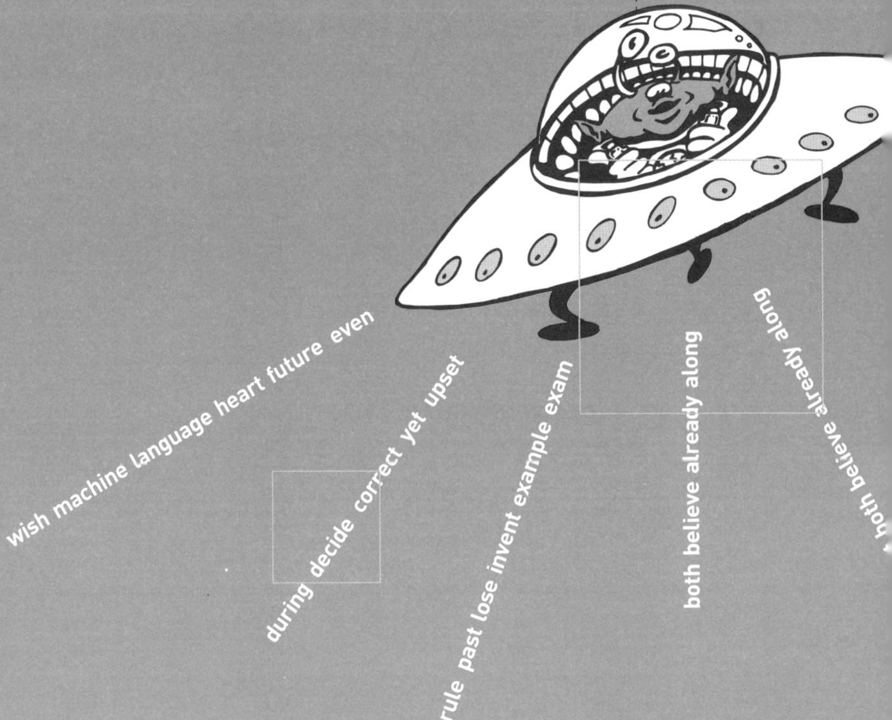

12
wish

[wiʃ • 위쉬] 바라다

I wish you a merry Christmas.
즐거운 메리크리스마스가 되길 바래!

wish는 가정법에 자주 쓰인다. 그렇기 때문에 뒤에 절이 이어지는 경우 "I wish you could do[could have done] it"(나는 네가 그것을 할 수 있기를[할 수 있었기를] 바래)과 같이 가정법 과거나 과거분사가 이어진다. 그리고 wish는 '소망, 바람'이라는 명사로도 쓰인다.

12
machine

[məʃíːn • 머쉰] 기계

Terminator is a machine.
터미네이터는 기계다.

전화 자동응답기를 'answering machine(앤써링머신)'이라고 합니다. 답을 하는 기계란 뜻이 되지요.

machine은 셀 수 있는 명사다. 하지만 비슷한 단어인 machinery(기계류)는 기계를 통칭하는 명사로 셀 수 없는 명사다.

12
language

[lǽŋgwidʒ • 랭귀쥐] 언어

It is hard to learn foreign languages.
외국어를 배우는 것은 힘들다.

영어를 배우기 위해 방학 때 미국에 가서 랭귀지 코스를 밟습니다. 그 때의 '랭귀지'가 '언어'입니다.

12
heart

[hart • 하어트] 심장, 마음

I love you from my heart.
나는 마음으로부터(진심으로) 당신을 사랑합니다.

하트모양을 자세히 보면 심장 모양입니다. 그러니 하트는 '마음' 혹은 '심장'이라는 뜻으로 쓰이나 봅니다.

12
future

[fjúːtʃər · 퓨(휴)처] 미래

You can succeed in the future.
미래에는 성공할 거야.

「백투더퓨쳐(Back to the Future)」라는 영화가 있습니다. 우리나라 말로 하면 '미래로 돌아가다' 정도가 될 듯합니다.

반대말인 과거는 past, 현재는 present이다.

12
even

[íːvən · 이븐] ~조차도

He does not like even English.
그는 영어조차도 좋아하지 않는다.

영어조차 좋아하지 않을 정도면 이 세상 모든 걸 다 싫어한다는 뜻인가요? 열심히들 단어 암기 하시는 데 헛소리해서 죄송!

원래 부사는 명사를 수식할 수 없지만 이 even을 비롯해 also, alone 등은 명사를 수식할 수 있다.

12
during

[djúəriŋ · 듀링] ~동안

He died during World War II.
그는 2차 세계대전 동안에 죽었다.

12
decide

[disáid · 디싸이드] 결정하다

I decided to memorize words.
나는 단어를 외우기로 결정했다.

영어단어장으로 이 책을 선택한 것은 정말 탁월한 디시전(결정)이죠.

명사형은 decision(결정)이다. decide는 to부정사를 목적어로 취한다.

12

correct

[kərékt · 코어**렉**] 정확한

I am correct, but you are incorrect.

나는 정확하지만 너는 정확하지 않다.

 반대말은 incorrect입니다. in-, im-, ir-은 반대말을 만드는 접두사로 다른 단어 앞에 붙어 반대 의미의 말을 만듭니다.
ex) impossible, irregular, irresponsive

11

yet

[jét · **옐**] 아직

He does not arrive yet.

그는 아직 도착 안 했다.

A: Did you finish your homework? 너 숙제 끝냈니.
B: Not yet. 아직 안 했어.

 not yet은 '아직 안 했다'는 말로 회화에 많이 활용되는 표현입니다.

11

upset

[ʌpsét · **엎쎌**] 화난

Don't make him upset.

그를 화나게 하지 마라.

 set(정리된, 안정된)을 위로(up) 뒤집은 꼴이라서 '화난'이란 뜻이 된 듯합니다.

 make는 사역동사로서 형용사나 동사원형을 목적격 보어로 취한다. upset을 위 문장에서 의미상으로는 부사처럼 보이지만 분명히 형용사다.

11

rule

[ru:l · 우**룰**] 규칙

Follow the rules.

규칙을 지키세요.

past

[pæst · **패스트**] 과거

I was healthy in the past.

나는 과거에는 건강했어.

축구할 때 '패스(pass)'는 '공을 보내다'는 의미로 해석됩니다. 고로 보내버린 시간은 pass의 과거인 past가 됩니다.

lose

[luːz · **을루즈**] 잃다, 지다

I lost the final match.

그는 결승에서 패했다.

lose와 loose는 헷갈리지 마세요. loose는 '느슨하다'는 뜻입니다.

lost는 lose의 과거 및 과거분사형이다. 이 외에도 불규칙 동사는 pass-past-past, make-made-made, strike-struck-struck, come-came-come, cut-cut-cut, hit-hit-hit, put-put-put 등이 있다.

invent

[invént · **인뷀트**] 발명하다

Edison invented the light bulb.

에디슨은 전구를 발명했다.

example

[igzǽmpl · **이그잼플**] 예

Here are some examples.

여기 몇몇 예들이 있습니다.

Here나 There로 시작하는 문장에서 주어는 be동사 뒤에 나오는 명사다. 따라서 동사의 수일치는 뒤에 나오는 명사의 수에 일치시킨다.

exam

12

[igzǽm · 이그잼] 시험

We are going to take the mid-term exam soon.
우리는 곧 중간시험을 칠 것이다.

---

difficult

11

[dífikʌlt · 디피(휘)컬트] 어려운

It is difficult to make much money.
돈을 많이 버는 것은 어렵다.

money는 셀 수 있는 명사로 생각하기 쉽지만 셀 수 없는 명사다. 그래서 much의 수식을 받는다. 셀 수 있는 명사라면 many의 수식을 받고 복수형이 되어야 한다. '돈을 벌다'라고 할 때 make money나 earn money를 쓴다.

---

both

11

[bouθ · 보우쓰] 둘 다

I love them both.
난 그들 둘 다 사랑해.

both는 '둘'에만 쓰이고 '셋 이상'에는 all을 쓴다. 예를 들면 "There are three persons, who are both policemen"이라고 하면 틀린다는 뜻이다.

---

believe

11

[bilíːv · 빌리-브] 믿다.

He does not believe the story.
그는 이 이야기를 믿지 않는다.

---

already

11

[ɔːlrédi · 올뤠디] 이미

They already finished their work.
그들은 이미 자기 일을 끝냈다.

'준비, 출발! (ready, go!)' 할 때의 ready는 '준비하다'입니다. already는 '준비된' 즉 '이미의' 뜻입니다.

¹¹
along

[əlɔ́:ŋ · 얼롱] 따라서

Come along with me.

나 따라와.

'얼릉' 따라와 할 때의 along입니다.

---

¹¹
afraid

[əfréid · 어프(후)레이드] 걱정하여

I am afraid of the test result.

난 그 테스트 결과가 걱정돼.

be afraid of는 '~를 두려워하다, 걱정하다'라는 뜻인데 of 뒤에는 명사나 동명사구가 온다. that절이 이어지는 경우는 of가 생략된다.

---

¹¹
piece

[pi:s · 피-스] 조각

It is a piece of cake.

그건 케이크 한 조각에 불과해. ('식은 죽 먹기'라는 말)

원피스는 한 조각으로 된 옷이고 투피스는 두 조각으로 이루어진 옷이지요. 비키니는 투피스입니다. 전 개인적으로 투피스를 좋아합니다만, 여러분들은 어떠신지?

---

¹⁰
wonder

[wʌ́ndər · 원더] 의아하게 여기다

They wonder how I succeeded.

그들은 내가 어떻게 성공했는지 의아해한다.

흔히들 이야기하는 '원더풀(wonderful)'이란 감탄사는 '의아하게 여길 정도로 훌륭한' 정도의 의미가 있습니다. 다들 영어 점수를 wonderful 하게 받아서 선생님과 부모님이 wonder하게 즉, '웬일인가' 하고 의아하게 만드세요.

without

[wiðáut · 위다웉] ~없이

I cannot live without you.
난 너 없이 살 수 없어.

with는 '함께'라는 뜻이므로 함께하는 것이 out(빠지다)되면 '~없이'라는 뜻입니다.

---

war

[wɔːr · 워] 전쟁

I read the book "War and Peace" last month.
나는 지난 달에 『전쟁과 평화』를 읽었다.

warrior는 전쟁(war)을 하는 사람(rior)이니깐 '전사'라는 뜻이 됩니다.

위 문장에서 read도 불규칙 동사다. 형태는 현재형인 read(리-드)와 똑같지만 발음은 '레드'다. 뒤에 last month라는 과거 명사가 왔으므로 read는 과거형이다.

---

until

[əntíl · 언틸] ~까지

Study hard until you become a college student.
대학생이 될 때까지 공부 열심히 해.

---

terrible

[térəbl · 테러블] 지독하게 안 좋은

She is a terrible woman.
그녀는 지독하게 안 좋은 여자야.

terrific이란 단어와 헷갈리지 마세요. terrific은 '엄청 좋은'입니다.

terrific은 terrible과는 정반대의 의미로 쓰인다.
ex) She is a terrific woman. (그녀는 엄청 좋은 여자야.)

salt

[sɔːlt • **쏘얼트**] 소금

Please pass me the salt.

소금 좀 건네주세요.

2002년 동계올림픽이 열린 미국의 '솔트레이크 시티(Salt Lake City)' 는 우리나라 말로 '소금호수도시'입니다. 그 도시에 짠물의 호수가 있나 봅니다. 그 호수의 짠물을 먹었으니 미국의 오노 선수가 김동성 선수에게 반칙을 했겠지요. 여러분은 물 짜게 먹지 마세요.

---

possible

[pásəbl • **파서블**] 가능한

It is possible to get high scores.

높은 점수를 얻는 것이 가능합니다.

위 문장에서 It은 가짜 주어다. 진짜 주어인 to get high scores가 길어서 문장 뒤로 빠진 사이 주어 행세를 하고 있는 것이다.

---

popular

[pápjulər • **파퓰러**] 대중적인

The Internet is now very popular.

인터넷은 이제 대중적이다.

대중음악, 팝송(pop song)에서 pop은 popular를 줄인 말입니다. '대중적인 음악'을 의미합니다. pop은 또 '펑 터지다, 튀어나오다'란 뜻도 있는데, 파파이스(pop eyes)는 튀어나온 눈들이란 뜻으로 거기 음식 먹으면 눈이 튀어나올 정도로 맛있다는 의미인 것 같습니다.

popular와 common을 혼동해서 쓰는 경우가 많은데 popular의 경우 '인기가 있어 대중적'이라는 뜻이고, common의 경우 '널리 퍼져 있어 일반적'이라는 뜻이다.

10
guess
[ges · 게스] 추측하다

I guess he is right.
내 추측하기에 그가 옳아.

옷 상표 중에 guess라고 있습니다. 뭐를 추측하라는 건지 모르겠습니다. '가격이 얼마게?'를 의미하는 건지… 가격표는 붙어 있던데… 아닌가? 한번 매장에 가서 확인해봐야지.

guess는 동사의 의미뿐 아니라 명사로서 '추측, 짐작'이라는 뜻으로도 자주 쓰인다.

10
forest
[fɔ́:rist · 포(호)어스트] 숲

We should preserve our forest.
우리는 우리 숲을 보존해야 한다.

10
few
[fju: · 퓨(휴)] 소수의

He has few friends.
그는 친구가 거의 없다.

few는 '거의 없다'는 뜻이고 a few는 '좀 있다'는 뜻이다. 예를 들면 "I have few friends"라고 하면 "나는 친구가 거의 없다"이고, "I have a few friends"라고 하면 "나는 친구가 좀 있다"라는 뜻이 된다.

10
fact
[fækt · 팩(퇙)트] 사실

The fact is I made a mistake.
사실은 내가 실수 했어.

'실수하다'라고 할 때는 동사 make를 써서 make a mistake로 쓴다. '소음을 내다'나 '불을 피우다'도 make를 써서 make a noise, make a fire와 같이 쓴다.

ever

[évər · 에붜] 이제까지 쭉

Have you ever been to the U.S.?

지금까지 미국 가본 적 있어?

에버랜드(Everland)는 동화 속에 나오는 네버랜드(Neverland, 절대 없는 땅)의 반대말로 썼나 봅니다. Everland, 즉 '이제까지 쭉 있어온 땅'입니다. 하기야 용인은 이제까지 쭉 있어온 땅이지요.

ever는 주로 완료형의 경험과 함께 사용되는 경우가 많다. 반대의 뜻으로는 never가 있는데, not ever와 같은 뜻이다. 그리고 '~에 가본 적이 있다'라고 할 때는 go의 과거분사인 gone을 쓰지 않고 예문에서처럼 been을 쓴다는 것도 기억해두어야 한다.

diary

[dáiəri · 다이어리] 일기

This is his diary.

이것은 그의 일기다.

흔히들 들고 다니는 다이어리의 원래 뜻은 일기입니다. day에서 나온 말이고 매일매일 기록해 놓는다는 뜻이 있습니다.

diary와 혼동하기 쉬운 단어가 있다. '낙농업, 유제품'을 뜻하는 dairy가 그것인데 철자가 비슷하니 헷갈리지 않도록 주의한다.

date

[deit · 데일] 날짜

What's the date today?

오늘이 몇 일이죠?

위의 예문을, '오늘 데이트는 뭐죠?'라고 해석하지 마세요. 데이트 상대가 많아서 오늘은 누구와의 데이트인지 잊으셨나? 부럽습니다.

clear
[kliər · 클리어] 맑은, 투명한

The water is very clear.
이 물은 아주 투명하다.

clean은 '깨끗한'이고, clear는 '투명한'이다. the clear environment(투명한 환경)가 아니라 the clean environment(깨끗한 환경)라고 한다.

area
[ɛəriə · 에어리어] 지역

This is a very populated area.
이곳은 아주 사람이 많은 지역입니다.

축구에서 '페널티에어리어(penalty area)' 안에서 수비수가 반칙을 하면 '페널티킥(penalty kick)'이 주어집니다. 이때의 penalty area는 '벌칙지역' 정도로 해석이 됩니다.

agree
[əgrí: · 어그리-] 동의하다

I agree with the statement.
나는 그 말에 동의합니다.

인터넷의 어느 카페나 홈페이지 회원으로 가입하는 절차를 밟는 중, '회원약관에 동의하십니까?'라는 메시지를 많이 보셨을 겁니다. 그때 두 가지 선택이 뜨는데 하나는 '동의함(Agree)'이고 또 다른 하나는 '동의 안 함(Disagree)'입니다. 나중에 기회가 되면 눈여겨보시기 바랍니다.

wind
[wind · 윈드] 바람

Tornadoes often bring the strong wind.
토네이도는 종종 강한 바람을 동반합니다.

파도타기를 '윈드써핑(wind surfing)'이라고 합니다. 그대로 해석하자면 '바람타기'가 되어버리네요.

volunteer

[vàləntiər • 발런티어] 자원

He was a volunteer teacher of this school.
그는 이 학교의 자원봉사 선생님이셨습니다.

traffic

[trǽfik • 추**래**픽(휙)] 교통

Follow the traffic signal.
교통신호를 따르세요.

 traffic sign은 '교통표지판', traffic signal은 '교통신호등'입니다. 혼동하지 마세요.

top

[tap • 탑] 정상, 꼭대기

We climbed to the top of the mountain.
우리는 산 꼭대기까지 올라갔습니다.

 KBS의 '가요톱텐'은 가요 순위 상위 10위까지를 중심으로 소개를 해주는 프로그램이지요.

respect

[rispékt • 뤼스펙트] 존경(하다)

You should respect your parents.
부모를 공경해야 한다.

 아랫사람이나 또래에게는 존중, 웃어른에게는 존경, 부모님께는 공경으로 쓰이는 아주 유용한 단어입니다.

reach

[ri:tʃ • 뤼치] 도착하다, 도달하다

Your letter just reached me.
당신의 편지가 방금 제게 도착했습니다.

⁹
kill
[kil · 킬] 죽이다

It is like killing me twice.
그건 저를 두 번 죽이는 것과 같아요.

파리살충제로 '에프킬러(F-killer)'라는 것이 있습니다. killer는 '죽이는 것' 혹은 '살인자'입니다.

---

⁹
hit
[hit · 힡] 치다, 때리다

He hit the ball.
그는 공을 쳤다.

야구에서 안타를 hit라고 합니다. 노히트노런 (no hit no run)은 안타도 안 맞고 점수도 안 준 투수의 기록을 이야기합니다. 안타도 공을 때리기 때문에 hit라고 하나 봅니다.

hit은 '타격, 일격'이라는 뜻의 명사로도 쓰인다.

---

⁹
follow
[fálou · 팔(활)로우] 따르다

I will follow him.
나는 그를 따를 것이다.

농구에서 공격 리바운드를 잡아서 덩크슛하는 것을 '팔포우업(follow-up) 덩크'라고 합니다. 앞선 공격을 따라 들어가서 덩크슛하는 것이지요. 물론 키가 작으면 '팔로우업 쇼크'를 먹겠지만…

finally

[fáinəli · 파(화)이널리] 마침내

Finally, he became a professor.

마침내 그는 교수가 되었다.

유명한 플레이스테이션 게임 중, '파이널 판타지(Final Fantasy)'라는 것이 있습니다. '최후의 환상' 정도의 의미로 해석됩니다. 정말 환상적인 게임입니다. final은 '최후의'라는 뜻의 형용사, finally는 '최후에' 혹은 '마침내'라는 뜻의 부사입니다.

'마침내'라는 뜻의 단어는 여러 가지가 있다. 한 단어로는 finally, eventually, 두 단어로는 at last, at length, after all, 세 단어로는 in the end, 네 단어로는 in the long run 등이 있다.

fair

[fɛər · 페(훼)어] 공정한

Treating me like this is not fair.

나를 이렇게 대하는 것은 공정하지 않다.

스포츠에는 페어플레이 정신이 있다고 하지요. 즉 '공정한 정신'입니다.

fair의 반대말은 unfair. un-도 반대말을 만드는 대표적인 접두사다.

collect

[kəlékt · 컬렉트] 모으다

Who collects stamps these days?

요즘 누가 우표 모으냐?

'바비인형 콜렉션'이나 게임인 '심즈콜렉션'이라는 표현도 collect에서 나온 것입니다. 콜렉션(collection)은 '모아 놓은 것'을 의미합니다.

collect의 명사형은 collection이다. -ion은 명사를 만드는 대표적인 접미사다. 명사를 만드는 접미사로는 이 외에도 -ance, -ancy, -ment, -age 등이 있다.

among

[əmʌ́ŋ · 어멍] (셋 이상) ~중에

Among us, I am the tallest.

우리 중 내가 제일 키가 크다.

between은 '둘 중에'를 뜻하고 among은 '셋 이상 중에'를 뜻한다.

add

[æd · 애드] 더하다, 추가하다

Add salt and pepper.

소금과 후추를 더 넣어주세요.

wet

[wet · 웹] 젖은

I am all wet.

나 홀딱 젖었다.

system

[sístəm · 씨스틈] 제도

We need a better educational system.

우리는 더 나은 교육제도가 필요하다.

인터넷 사이트들이 가끔 시스템 점검 중이라고 접속이 불가능한 경우가 있습니다. 홈 페이지의 프로그램 체계를 점검하는 경우라고 볼 수 있지요.

educational은 education(교육)의 형용사다. 명사에 -al이 붙으면 형용사를 만들지만 동사에 -al이 붙으면 명사가 된다.

sun

[sʌn · 썬] 태양, 해

The sun rises in the East.

해는 동쪽에서 뜬다.

 sun, moon 등의 유일물에는 정관사 the가 붙는다. 하지만 half moon, full moon 등 종류를 나타낼 때는 부정관사 a가 붙는다.

---

soft

[sɔːft · 쏘프(흐)트] 부드러운

This ball is soft.

이 공은 부드럽다.

---

shake

[ʃeik · 쉐이크] 흔들다, 흔들리다

Shaking hands is a desirable gesture.

악수는 좋은 제스처다.

 음료수 중에 '밀크세이크(milk shake)'는 우유를 흔들어서 만드는 것입니다. 집에 있는 냉장고에서 우유를 꺼내서 흔들어 마셔보니 사먹는 밀크세이크와는 차이가 있던데, 무슨 차이인지 모르겠습니다.

 shake는 불규칙 동사로 변화 형태는 shake-shook-shaken이다.

---

race

[reis · 뤠이스] 경기, 인종

The human race is not the only owner of the Earth.

인류가 지구의 유일한 주인인 것은 아니다.

 카레이서(car racer)는 자동차 경주 선수를 뜻하지요. race는 '경기'라는 뜻도 있습니다.

quite

[kwait · **콰잍**] 꽤

She is quite pretty.

그녀는 꽤 예쁘다.

quite와 혼동하기 쉬운 단어가 있다. quiet(조용한)이라는 단어다. 철자의 배열 순서에 주의해서 혼동하지 않도록 한다.

protect

[prətékt · **프러텍트**] 보호하다

We have to protect nature.

우리는 자연을 보호해야 한다.

컴퓨터 프로그램 등에 흔히 프로텍트가 걸려 있다고 이야기할 때가 있습니다. 아무나 접근 못하게 '보호'한다는 뜻입니다.

have to는 must(해야 한다)와 같은 뜻이지만 부정형인 not have to는 must not이 아니라 need not(~할 필요 없다)과 같은 뜻이다.

pay

[pei · **페이**] 지불하다

They pay high salaries.

그들은 높은 봉급을 지불한다.

월급날을 흔히 pay day라고 합니다.

pay의 명사형은 payment다. 앞에서도 언급했듯 -memt는 명사형을 만드는 접미사다. 그리고 pay도 불규칙 동사로 변화형태는 pay-paid-paid이다.

part

[pa:rt · **파어트**] 부분

Part of my success is luck.

내 성공의 일 부분은 운이다.

아르바이트를 영어로 '파트타임잡(part-time job)'이라고 합니다. 부분적으로만 시간을 내어 하는 직업이라는 뜻이네요.

north

[nɔːrθ • 노어쓰] 북쪽

This animal live in North America.

이 동물은 북아메리카에서 산다.

'노스웨스트 항공사 (Northwest Airlines)'는 '북서항공사' 라고 해석이 되네요.

east, west, south, north는 형용사의 뜻으로도 쓰이며 원래 정관사와 함께 쓰이지만 '동서남북'이라고 할 때는 정관사 없이 north, south, east and west로 쓴다.

member

[mémbər • 멤버] 회원

I am not a member of this group.

저는 이 그룹의 회원이 아닙니다.

같이 게임을 하다가 '야, 멤버 교체해!' 라고 하면 선수를 바꾸라는 의미지만 글자 그대로 해석하자면 '회원 교체하라' 는 뜻이네요.

ice

[ais • 아이스] 얼음

Ice is cold.

얼음은 차다.

물건을 차게 유지시켜주는 '아이스박스 (icebox)'는 원래 얼음을 담는 박스란 뜻입니다. 요즘엔 썰렁한 사람을 '아이스맨 (iceman)'이라고도 하는 모양입니다.

hide

[haid • 하이드] 숨다

Don't hide behind her.

그녀 뒤에 숨지 마라.

흔히들 비장의 무기가 있을 경우, '히든카드 (hidden card)'가 있다고 이야기합니다. '숨겨져 있는 카드'로 해석이 됩니다.

hide 역시 불규칙 동사이다. 변화 형태는 hide-hid-hidden이다.

fault

[fɔːlt · 포(호)얼트] 잘못

It is his fault, not mine.

그것은 내 잘못이 아니고 그의 잘못입니다.

mistake는 사소한 실수를 의미하고, fault는 좀 중대한 잘못을 의미합니다. mistake은 용서해야 하지만, fault는 용서하기 힘들지요.

mis- 역시 wrong이나 bad를 뜻하는 반대말 만드는 접두사다. mis(잘못) + take(잡다, 취하다)라는 뜻에서 '실수'라는 의미로 쓰인다.

---

fail

[feil · 페(훼)이얼] 실패하다

He failed but I still like him.

그는 실패했지만 나는 아직 그를 좋아합니다.

컴퓨터를 하다 보면 프로그램의 오류가 있을 때 나타나는 단어들이 있지요. fail, abort, retry가 그것인데, '실패하다' '중지하다' '다시 시도하다'의 뜻입니다.

---

cross

[krɔːs · 크로스] 건너다

He did not cross the street.

그는 길을 건너지 않았다.

원래 cross는 십자가를 의미합니다. 길을 건너게 되면 길이 난 양쪽 방향과 건너는 선의 양쪽 방향이 서로 십자가 모양으로 겹쳐지게 되지요. 그래서 '십자가'라는 단어가 '건너다'의 의미로 쓰입니다.

---

continue

[kəntínjuː · 컨티뉴-] 계속하다

I continued to study English without this book.

나는 이 책 없이 계속 영어 공부를 했었다.

common

[kάmən · 카먼] 공통의, 일반적인

He lacks common sense.

그는 일반 상식이 부족하다.

common sense와 general knowledge는 둘 다 '일반 상식'으로 해석될 수 있지만 의미상 약간의 차이가 있다. common sense는 특별한 학습 과정 없이 자연적으로 알고 있는 상식을 의미하고, general knowledge는 학습 과정을 통해 얻는 지식으로써의 상식을 의미한다.

coin

[kɔin · 코인] 동전

Insert coins.

동전을 집어넣으세요.

예전에 오락실에 가면 많이 볼 수 있는 영어 문장입니다. 요즘은 '마메(mame)'라는 것이 있어 예전의 오락실 게임들을 pc에서도 할 수 있지요.

century

[séntʃəri · 쎈츄리] 세기, 100년

In the 20th century, we experienced many things.

20세기에 우리는 많은 것을 경험했다.

'세기'라는 말을 할 때는 항상 the를 넣어야 합니다.

carry

[kǽri · 캐리] 나르다

Please help me carry this.

이거 나르는 거 좀 도와주세요.

help는 사역동사는 아니지만 사역동사처럼 목적어나 목적보어를 취할 때 동사원형을 쓰기도 한다. to부정사를 쓴다고 해서 틀린 건 아니지만 현대 영어에서는 동사원형을 쓰는 경우가 더 많다.

camp

[kæmp · 캠프] 야영, 야영하다

We went camping.

우리는 야영하러 갔었다.

야영을 가면 보통 '캠프파이어(campfire)'를 하지요.

'~하러 가다'라고 할 때는 go + –ing의 형태를 쓴다. 동명사 대신 명사를 쓰는 경우는 go for swim(수영하러 가다)처럼 전치사 for가 온다.

camera

[kǽmərə · 캐머러] 사진기, 카메라

I just bought a digital camera.

나는 방금 디지털 카메라를 샀다.

흔히 말하는 '디카'는 digital camera를 줄인 것입니다.

body

[bádi · 바리] 몸

They found a whale's dead body.

그들은 죽은 고래의 몸을 발견했다.

'바디샵(bodyshop)'이란 곳이 있습니다. 몸에 바르는 로션이나 향수를 파는 매장 이름이지요.

as

[æz · 애즈] ~으로서, ~처럼

The role of parents as a teacher is important.

선생님으로서의 부모의 역할은 중요하다.

out of the blue
파란 데서 온 소식이라니?

회사가 미국계 회사에 합병되면서 기철은 미국인 브라운을 상사로 모시게 되었다. 하루는 일찍 도착해 커피를 마시며 느긋하게 신문이라도 좀 읽으려 했는데 브라운도 일찍 출근하는 것이 아닌가. 영어에 자신이 없어 피하려 했으나 이미 엎질러진 물! 바로 옆에 다가와 벌써 말을 걸고 있었다.

> **Kichul, the news of the factory closedown came out of the blue.**

아니 '공장을 닫는다는 소식이 파란 데서 왔다' 니 이게 무슨 소린가…? 아! 청와대(the Blue House)에서 유출된 소식이란 말인가…. 아니야, 한국에 온 지 한 달밖에 안된 브라운이 청와대 고위 인사를 알 리가 만무한데….
기철은 **out of the blue**가 '**뜻밖에, 뜬금없이**'라는 뜻인 줄 미처 몰랐던 것이다.

출처 : 『한국인이 가장 오해하기 쉬운 현지영어표현』(최정화 지음)

한 문장 암기로 단어 깡그리 외우기

A strange cry changed my honest wife's mind while she was receiving his report.

그의 보고를 받는 동안에 이상한 울음소리가 내 정직한 아내의 마음을 바꿨다.

9

strange [streindʒ · 스트뤠인지] 이상한

He had a strange feeling. 그는 이상한 느낌이 들었습니다.

9

cry [krai · 크라이] 울다, 울음소리

Don't cry for me, Argentina! 아르헨티나여, 나를 위해 울지 말아요!

9

change [tʃeindʒ · 췌인지] 바꾸다

Could you change your schedule? 당신 스케줄 바꿔주실 수 있으세요?

9

honest [ánist · 아니스트] 정직한

Be honest to succeed! 성공하기 위해선 정직해라!

반대말은 dishonest다. dis-도 대표적인 반대말 접두사다.

9

wife [waif · 와이프(흐)] 아내

She is my wife. 그녀는 내 마누라요.

wife의 반대말은 husband다.

10
mind [maind · 마인드] 마음

He has a mild mind. 그는 부드러운 마음을 가지고 있다.

9
while [*h*wail · 와일] ~하는 동안

He came here while I was sleeping. 내가 자는 동안 그가 왔었다.

9
receive [risíːv · 뤼씨-브] 받다

I just received your letter. 방금 당신의 편지를 받았습니다.

9
report [ripɔ́ːrt · 뤼포어트] 보고하다

I did not report the result to my boss.
나는 내 상관에게 그 결과를 보고하지 않았다.

I. 다음 빈칸에 알맞은 단어를 넣어 문장을 완성하시오.

1. 너의 잘못을 **숨기지** 마라.

   Don't _________ your fault.

2. 그건 **맛이 좋다.**

   It _________ good.

3. **동전** 좀 있니?

   Do you have some _________?

4. 그들의 답은 다 **맞다.**

   Their answers are all _________.

5. 난 그를 **따르기** 싫어.

   I don't like to _________ him.

6. 그것 참 **재미있는 추측**이네.

   That is a(n) _________ _________.

7. **자원할** 사람?

   Any _________s?

8. 난 **아직 결정** 못했다.

   I haven't _________ _________.

9. 벨이 전화기를 **발명했다.**

   Bell _________ the telephone.

10. 예를 들자면, 지난 기말**시험** 결과는 지독하게 안 좋았어.

    For _________, the result of the last final _________ was

    _________.

II. 다음의 영어와 우리말 뜻을 바르게 연결하시오.

1. report	•	① 추측하다
2. already	•	② 이미
3. traffic	•	③ 슬픈
4. along	•	④ 꼭대기
5. wet	•	⑤ 반지
6. popular	•	⑥ 보고하다
7. future	•	⑦ 추가하다
8. ring	•	⑧ 둘 다
9. both	•	⑨ 교통
10. guess	•	⑩ 미래
11. top	•	⑪ 대중적인
12. sad	•	⑫ 젖은
13. add	•	⑬ ～를 따라서

Answer

I. 1. hide 2. tastes 3. coins 4. correct 5. follow 6. interesting / guess 7. volunteer
8. decided / yet 9. invented 10. example / exam / terrible

II. 1. ⑥ 2. ② 3. ⑨ 4. ⑬ 5. ⑫ 6. ⑪ 7. ⑩ 8. ⑤ 9. ⑧ 10. ① 11. ④ 12. ③ 13. ⑦

2학년 교과서
4종 이상 출현 단어

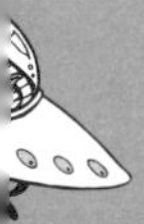

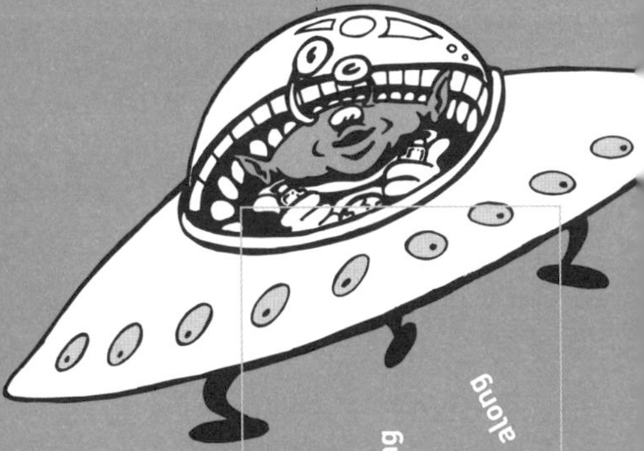

wish machine language heart future even
during decide correct yet upset
rule past lose invent example exam
both believe already along
both believe already along

bottle

[batl · 바를] 병

There is a message in a bottle.

병 안에 메시지가 있어요.

---

wallet

[wálit · 월릿] 지갑

Keep my wallet for me.

제 지갑 좀 맡아주세요.

보통 신용카드로 결제하지만, 핸드폰으로 결제를 하기도 합니다. 신기술이지요. 많이들 보셨을 겁니다. 이러한 것을 '모바일 월렛(mobile wallet)'이라고 합니다. '움직이는(mobile) 지갑(wallet)'이라는 뜻이지요.

---

treat

[tri:t · 츄릿] 다루다, 처리하다

Don't treat me as an animal.

저를 동물로 다루지 마세요.

샴푸 중에 '트리트먼트 샴푸(Treatment Shampoo)'가 있습니다. 머리가 손상되지 않도록 처리하는 샴푸라는 뜻이겠지요. treatment는 treat의 명사형입니다.

---

taste

[teist · 테이스트) 맛, 맛보다

It doesn't taste good.

그거 맛 안 좋아.

커피 중에 '테이스터스 초이스(Tasters' Choice)'라는 것이 있습니다. 우리나라 말로 하자면 '맛을 감별하는 사람의 선택' 정도가 될 것입니다. 그러니 맛이 있는 커피라는 얘기겠죠?

sight

[sait · 싸잍] 시야, 시력

I fell in love with her at first sight.

그녀에게 첫눈에 반했다.

 '웹사이트(website)' 할 때의 site(현장, 장소)와 발음이 같습니다. 주의하세요.

---

secret

[si:krit · 씨-크맅] 비밀

He is a secret service agent.

그는 비밀요원입니다.

 top secret은 '일급비밀'을 뜻합니다.

 secret service는 '대통령 경호실'이라는 뜻도 있다.

---

seat

[sí:t · 씨잍] n. 좌석

I want a front seat.

앞좌석으로 주세요.

 sit은 '앉다'라는 동사이고, seat는 '좌석'이라는 명사입니다. 주의하세요.

 seat도 타동사로서 '앉히다'라는 뜻이 있다. '앉다'라는 자동사 sit와의 쓰임에 주의해야 한다. '앉으시오'라고 할 때 sit을 쓴다면 그냥 sit please라고 하면 되지만 seat를 쓰는 경우 seat yourself please나 be seated please라고 한다. 잘 알겠지만 sit은 불규칙 동사로서 sit-sat-sat의 형태로 변한다.

---

sad

[sæd · 쌛] 슬픈

This movie is about a sad love story.

이 영화는 어느 슬픈 사랑이야기에 관한 것입니다.

 sad의 반대말은 happy입니다.

ring

[riŋ · 륑] (종이) 울리다, 반지

I saw the movie, The Lord of the Rings last night.
나는 어젯밤에 영화 「반지의 제왕」을 봤다.

영화로도 나온 일본소설 「링」이 있습니다. 사람을 죽이는 무언가 이상한 바이러스 같은 것이 돌고 돈다는 뜻으로 반지의 둥그런 모습을 본따서 ring이라고 이름 지은 것 같습니다.

---

rich

[ritʃ · 뤼치] 돈 많은, 풍부한

There are many rich people in my town.
내 마을에는 부자가 많습니다.

rich하기 위해선 공부를 하셔야 합니다. 특히 영어에 있어서는 어휘력이 rich해야 합니다. rich한 어휘력을 키우기 위해 꾸준히 공부를 하세요.

rich의 반대말은 poor다.

---

prize

[praiz · 프롸이즈] 상

The President won the Nobel Peace Prize.
대통령이 노벨평화상을 탔다.

우리나라에서 노벨상 수상자가 나오기는 했으나 과학분야가 아닌 것이 아쉽습니다.

비슷한 말은 award다. 오스카(Oscar)라고도 하는 아카데미상의 경우엔 prize가 아닌 award를 써서 the Academy Awards라고 한다.

cut

[kʌt · 컷] 자르다

He cut it with a knife.

그는 그걸 칼로 잘랐다.

탤런트들이 녹화 중 실수를 할 때 감독은 "Cut!"이라고 외칩니다. 자르라는 이야기지요. 그 탤런트 자르라는 이야기가 아니고 연기를 멈추라는 이야기입니다.

bicycle

[báisikl · 바이시클] 자전거

My bicycle was stolen yesterday.

내 자전거를 어제 도난당했다.

bi-는 두 개를 의미하고 cycle은 원을 의미하므로 두발자전거가 됩니다. 그럼 세발자전거는 무엇일까요? tricycle입니다. tri-는 세 개를 의미하지요. 그럼 네발자전거는? 음 … 쓸데없는 것에는 관심 두지 마세요. 세발자전거까지 암기 철저히 하시길…

mix

[miks · 믹스] 섞다

Don't mix it with water.

그거 물과 섞지 마세요.

음악용어 중 리믹스(remix)라는 것이 있습니다. re-mix는 '다시 섞는다'는 뜻으로 기존의 음악에 다른 효과음 등을 넣어서 다시 만든 것을 의미합니다. 송창식의 「담배가게 아가씨」를 윤도현이 다시 부른 경우가 여기에 해당됩니다.

press

[pres · 프레스] 누르다; 언론

Press the button.

버튼을 누르세요.

언론의 대표적 종류 중 하나인 신문은 찍어내는 기계(press)로 찍어내고 정부의 잘못된 정책에 압력을 넣기도(press) 합니다. 그래서 언론을 press라고 합니다.

person

[pə́:rsn · **퍼어슨**] 사람, 개인

He is a hardworking person.
그는 열심히 일하는 사람이다.

흔히 이야기하는 PC라고 하는 단어는 Personal Computer를 줄인 말 입니다. '개인용 컴퓨터'라고 해석이 됩니다.

Olympic

[əlímpik · **얼림픽**] 올림픽

The 24th Olympic Games was held in Seoul.
24회 올림픽은 서울에서 개최되었다.

'올림픽 경기'를 영어로 쓸 때는 game뒤에 항상 −s를 붙인다.

ocean

[óuʃən · **오우션**] 큰 바다

The Pacific Ocean is huge.
태평양은 크다.

the Pacific Ocean : 태평양, the Atlantic Ocean : 대서양, the Indian Ocean : 인 도양

neither

[ní:ðər · **니더**] ~도 또한 아니다

She is not beautiful, and you neither.
그녀는 아름답지 않고 너도 아름답지 않다.

이 단어는 not에 either가 합쳐진 단어이다.

⁷
lend

[lend · 렌드] 빌려주다, 꿔주다

Would you lend me money?

돈 좀 빌려줄래?

반대말은 borrow(빌리다, 꾸다)다.

---

⁷
international

[intərnǽʃənl · 인터내셔널] 국제적인

The WTO is an international organization.

WTO는 국제 기구이다.

inter와 national이 합쳐진 단어로 인터넷이라고 할 때의 inter는 '상호적'이라는 뜻이고, nation은 '국가'를 의미하므로 inter-national은 '국가 간의 상호적인' 즉 '국제적인'이라는 뜻이 되었습니다.

---

⁷
heat

[hiːt · 힡] 열

The heat from the engine is strong.

엔진 열이 강력하다.

방에 히터가 잘 들어오냐는 말을 하곤 합니다. 이때의 히터(heater)는 열내는 것을 의미합니다.

---

⁷
guide

[gaid · 가이드] 안내하다

She guided me to the airport.

그녀는 나를 공항까지 안내했다.

'투어가이드(tour guide)'는 여행할 때 안내하는 사람을 의미합니다. 이 책은 여러분의 단어 가이드지요.

bear
7

[bɛəʳ · 베어] 곰; 낳다

There are some bears in the zoo.
동물원에 곰이 좀 있다.

 두산베어스 팀의 '베어즈'는 우리나라 말로 '곰들'이지요.

harm
6

[hɑːʳm · 하암] 해치다

Smoking harms your health.
흡연은 당신의 건강을 헤칩니다.

tent
6

[tent · 텐트] 천막, 텐트

They pitched the tent for an hour.
그들은 1시간 동안 텐트를 쳤다.

 set up : 세우다

stream
6

[striːm · 스트림] 시내, 조류

The government is researching the stream of the opinion.
정부는 여론의 동향을 조사중이다.

 시대나 조류가 흘러가는 것을 시내에 비유하기도 한다. 그래서 이 단어는 '시대' '조류'라는 뜻도 가진다.

row
6

[rou · 우로우] (배를) 젓다

They rowed to the island.
그들은 섬으로 노를 저었다.

round

[raund · 롸운드] 둥근

The Earth is round.

지구는 둥글다.

원 : circle 삼각 : triangle 사각 : square

---

regular

[régiulər · 뢔귤러] 규칙적인, 보통의

You need a regular exercise.

당신은 규칙적인 운동이 필요합니다.

버거킹에 가서 콜라를 시키면 '라지(large)로 드릴까요?'라는 질문을 합니다. 큰 사이즈를 원하는지를 묻는 것이겠지요. '큰 사이즈 말고 보통 사이즈로 주세요'라고 답을 할 때에는 'regular로 주세요'라고 하면 됩니다.

---

record

[rikɔ́:rd · 뤼코어드] 기록하다, 녹음하다

He recorded my voice.

그는 내 목소리를 녹음했다.

레코드 테이프는 무언가를 기록하는 테이프를 의미합니다.

record는 '기록'이라는 명사로도 쓰이는데 이때는 강세가 첫째 음절에 있어 '레코드'로 발음된다.

---

recipe

[résəpi · 뢔서피] (요리의) 조리법, 요리법

Please give me the recipe of that dish.

저 요리의 요리법을 알려주세요.

발음 조심하세요. '레시프'가 아닙니다.

quick
[kwik · 쿠익] 빠른; 빨리

I want a quick answer.
나는 빠른 답을 원해.

'퀵써비스(quick service)'는 서류 등을 오토바이로 빠르게 배송해 주는 것을 말합니다. 여기서의 '퀵'은 '빠르다'는 뜻이지요. 근데 왜 퀵단어암기법은 없는지… 그리고 한 가지 주의! 단어의 뜻처럼 '쿠익'은 발음도 '빨리'해야 본토 발음에 가깝습니다.

queen
[kwi:n · 퀴인] 여왕

She was a queen of Ireland.
그녀는 아일랜드의 여왕이었어.

춤 잘 추는 여자를 '댄싱퀸(Dancing Queen)'이라고 합니다. 이 책을 읽는 독자들은 모두 Word Queen(단어여왕)이나 Word King(단어왕)이 되세요. 앗~ 돌맞을라~~.

plastic
[plǽstik · 플래스틱] 플라스틱

Plastics can be recycled.
플라스틱은 재활용이 가능하다.

'성형수술'을 plastic surgery라고 합니다. 성형수술을 할 때는 플라스틱을 넣는가 봅니다.

oil
[ɔil · 오이얼] 기름, 석유

There is no oil resource in Korea.
한국에는 석유자원이 없다.

기름값이 많이 든다고 할 때의 기름값을 oil price라고 하지 마세요. gas price라고 해야 합니다.

⁶
nation

[néiʃən · 네이션] 국가(= country)

Korea is a developing nation.

한국은 개발도상국이다.

national은 '국가의'이고 international은 '국제적인'을 의미한다.

---

⁶
leader

[líːdər · 을리더] 지도자

The leader of this group is my friend.

이 그룹의 지도자는 내 친구다.

'리더십(leadership)'이 있는 사람은 조직을 잘 이끄는 능력이 있는 사람을 의미합니다. 여기서의 leader는 이끄는 사람을 의미합니다.

---

⁶
hat

[hæt · 햍] 모자

I was so hungry that I could eat a hat.

나는 너무 배가 고파서 모자도 먹을 수 있을 지경이었다.

'so + 형용사/부사 + that …' 구문은 '너무 ~해서 …할 수 있다'라는 의미다.

---

⁶
gate

[geit · 게잍] 문, 출입문

Please go to the gate 3.

3번 문으로 가시기 바랍니다.

비행기를 타 보신 분들은 알겠지만, 공항 내에 gate마다 번호가 있어서 거길 통해서 탑승하게 됩니다.

garbage

[gá:rbidʒ · **가어비지**] 쓰레기

Throw away the garbage!
그 쓰레기 내다버려!

throw away : 버리다(= cast away)

---

festival

[féstəvəl · **페(훼)스티벌**] 축제

A dancing festival will be held in Spain.
스페인에서 댄싱 축제가 열릴 겁니다.

놀이공원에서 간혹 장미축제나 크리스마스축제 기간이라고 해서 야간 개장을 하는 경우가 있습니다. 이때의 축제를 영어로 festival이라고 합니다.

---

either

[íːðər · **이더**] (부정문) ~도 또한

I do not like him either.
나도 그를 좋아하지 않아.

---

divide

[diváid · **디봐이드**] 나누다

Divide the group into two.
이 그룹을 둘로 나누세요.

di-vide에서 di-는 '두 개'라는 뜻이다. dioxide는 이산화탄소를 의미하고, divide는 '(둘로) 나누다'의 뜻이 된다.

disappear
⁶

[disəpíə𝑟 · 디서피어] 사라지다

The only hope just disappeared.

유일한 희망이 방금 사라졌다.

 dis-는 '반대'의 의미를 지닌다. 따라서 appear가 '나타나다'라는 뜻이고 disappear 는 이의 반대말인 '사라지다'가 된다.

cultural
⁶

[kʌ́ltʃərəl · 컬쳐럴] 문화의

Cultural differences should be considered.

문화적 차이가 고려되어야 합니다.

 cultural은 culture(문화)의 형용사형입니다.

clock
⁶

[klɑk · 클락] 시계

This clock is old but useful.

이 시계는 낡았지만 쓸 만합니다.

 watch도 역시 시계입니다만 종류가 틀립니다. 손목시계는 watch라고 하지만 clock이라고는 안 하지요.

clerk
⁶

[klə:𝑟k · 클럭] 점원

Ask the clerk where it is.

그게 어디 있는지 점원에게 물어보세요.

 clock과 철자 헷갈리지 마세요.

brain
[brein · 브레인] 두뇌, 뇌

Use your brain.
머리를 써라.

인기 TV 프로그램의 코너 중에 '브레인 서바이버(brain survivor)'라는 것이 있습니다. 머리가 좋아서 살아남은 사람(survivor)을 의미합니다.

ugly
[ʌ́gli · 어글리] 추한

Don't be an ugly Korean.
추한 한국인이 되지 마세요.

반대말은 good-looking입니다.

tower
[táuər · 타우어] 탑

The Seoul Tower is in Namsan.
서울타워는 남산에 있다.

「반지의 제왕: 두 개의 탑」이라는 영화의 영어 제목은 *The Lord of the Rings: The Two Towers*입니다.

toward
[təwɔ́:rd · 투워드] ~쪽으로

His attitude toward women is not good.
그의 여성에 대한 태도는 안 좋다.

ward는 '방향'을 의미한다. forward는 '앞쪽으로'라는 뜻이고, backward는 '뒤로'라는 뜻이다.

symbol
[símbəl · 씸벌] 상징

A cow is a symbol of a hardworking Korean.
소는 근면한 한국인의 상징이다.

평화의 symbol이 비둘기라면, 전쟁의 symbol은 어떤 동물일까요?
인간입니다.

somewhere
[sʌ́mʰwɛər · 썸웨어] 어딘가에

Your Mr. Right is somewhere out there.
너의 짝은 (저기 밖의) 어딘가에 있어.

sleepy
[slíːpi · 슬리피] 졸린

You look too sleepy.
너 너무 졸려 보여.

sleepy는 sleep의 형용사고 asleep은 부사다.

sharp
[ʃáərp · 샤ㅡ프] 날카로운

Every pen has a sharp point.
모든 펜은 날카로운 끝이 있다.

필기도구 샤프는 끝이 날카롭지요. '그 사람 샤프하게 생겼어'라고 하
면 날카롭고 지적으로 생겼다는 얘기겠지요. 저는 옆집 아저씨 같이 생
겼다는 말을 많이 듣습니다만, 여러분은 샤프하신지…

quiz

[kwiz · 퀴즈] 질문, 시험

I hate daily quizzes!

난 매일매일의 쪽지시험 싫어!

매일매일 쪽지시험 보면 정말 귀찮지요. 하지만 나중에 생각해 보면 그
만큼 피가 되고 살이 되는 것도 없는 것 같습니다. 이 책도 본문만 보지
말고 뒤쪽에 있는 연습문제 꼭 풀어보세요.

page

[peidʒ · 페이지] 페이지

Please, look at the page 3.

3쪽을 보세요.

orphanage

[ɔ́ːrfənidʒ · 오어퍼(훠)니지] 고아원

The orphanage there was built two years ago.

거기 고아원은 2년 전에 생긴 거다.

orphanage는 '고아원'이고 orphan은 '고아'다.

officer

[ɔ́ːfisər · 아피(휘)서] 공무원

He became a police officer.

그는 경찰관이 되었다.

office는 '사무실'이고 officer는 '장교, 경관, 관리'라는 뜻이다.

musician

[mjuːzíʃən · 뮤지션] 음악가

My cousin is one of the greatest musicians.

내 사촌은 위대한 음악가 중 하나야.

merry

⁵

[méri · 메리] 즐거운

I wish you a merry Christmas!
즐거운 크리스마스 되세요.

mark

⁵

[maːrk · 마어크] 점수; 표시하다

My teacher marked 'A' on my exam paper.
선생님이 내 시험용지에 A를 표시했다.

 흔히들 마킹(marking)한다는 표현을 합니다. '표시해 놓는다'는 뜻이고, 학원에서는 보드에 마커(marker)로 필기를 하지요.

lazy

⁵

[léizi · 을레이지] 게으른

I hate learning English because I am lazy.
나는 게을러서 영어 공부하는 거 싫다.

 diligent(근면한)의 반대말이다.

lawyer

⁵

[lɔ́ːjər · 을로이어] 변호사

People say that lawyers make much money.
변호사들은 돈을 많이 번다고 합니다.

 보통 -er을 붙이면 '~하는 사람'을 의미한다. teacher나 leader 등이 이런 부류의 단어들이다. law는 '법'을 뜻하는데 거기 -er이 붙은 것이다. 그런데 lawer가 아니라 lawyer라고 중간에 y가 하나 추가로 붙는다는 데에 주의한다.

5 helmet

[hélmit · **헬밑**] 헬멧

Please wear your helmet.

헬멧을 쓰세요.

 헬멧을 속어로 '하이바'라고 합니다. 군대에서의 철모는 플라스틱 강화 섬유로 만든 방탄용 철모입니다. 섬유가 '화이버(fiber)'인데 보통 '하이바'라고들 써 왔지요.

5 harvest

[háːrvist · **하어뷔스트**] 수확, 추수; 추수하다

Crops are harvested in fall.

가을에는 곡물이 추수됩니다.

 이소룡이나 성룡의 옛날 영화를 보면 제작사가 '골든하베스트(golden harvest)'인 경우가 많습니다. 영화의 맨 앞 장면을 보면 그 회사의 로고가 보입니다. 이 회사의 이름을 직역하자면 '황금의 추수' 정도가 되겠네요.

5 foreigner

[fɔ́ːrinər · **포(호)뤼너**] 외국인

He is not afraid of talking to foreigners because he read this book.

그는 이 책을 읽었기 때문에 외국인에게 이야기하는 것을 두려워하지 않는다.

5 familiar

[fəmíljər · **퍼(훠)밀리어**] 친숙한

I am not familiar with the words.

나는그 단어들이 친숙하지 않다.

 가족(family)에서 나온 말로, 가족끼리는 친숙하니깐 이런 뜻으로 쓰이나 봅니다. 물론 가족끼리 원수가 되는 경우가 있지만, 여러분은 가족끼리 familiar하세요.

5 expression

[ikspréʃən · 익스프레션] 표현

This is not a practical expression.

이것은 실용적인 표현이 아니다.

---

5 exactly

[igzǽktli · 이그잭틀리] 정확하게

She drove the car 100 km per hour exactly.

그녀는 정확히 시속 100킬로미터로 차를 몰았습니다.

 drive는 불규칙 동사로 변화형은 drive–drove–driven이다.

---

5 effort

[éfərt · 에퍼(풔)어트] 수고

He made a lot of efforts.

그는 수고 많이 했다.

---

5 dolphin

[dálfin · 달핀(휜)] 돌고래

He swims like a dolphin.

그는 돌고래처럼 수영한다.

 미국 프로야구 구단 중에 '마이애미 돌핀스'가 있습니다. 마이애미는 해변 도시이고 돌고래들이 많이 사나 봅니다.

---

5 distance

[dístəns · 디스턴스] 거리

They walked for a long distance.

그들은 먼거리를 걸었다.

 distant가 형용사 형으로 '떨어져 있는'의 뜻이다.

direction

[dirékʃən · 디렉션] 방향

I don't know the wind direction.

바람의 방향을 모르겠다.

영화의 디렉터(director : 감독)들은 어떤 방향으로 영화를 찍을지를 제시하면서 이끌어 가는 사람이지요. direction은 '방향'입니다.

count

[kaunt · 카운트] 세다

Don't count the money.

이 돈 세지마.

인터넷 홈페이지의 접속자 수를 세는 것을 '카운터(counter)'라고 합니다. 즉 '세는 것'이라는 뜻이지요.

conversation

[kànvərséiʃən · 칸붜쎄이션] 대화

I had a conversation with your girlfriend.

나는 너의 여자친구하고 대화했다.

이 단어 하면 떠오르는 것이 '회화'지만, '대화'의 의미로 많이 쓰입니다.

complete

[kəmplíːt · 컴플릿] 완성하다

Did you complete the project?

너 그 프로젝트 끝냈냐?

complete와 비슷한 의미를 가진 단어로는 finish가 있다.

⁵
coach

[koutʃ · **코우치**] 코치(하다)

The coach of the soccer team is stubborn.
그 축구팀 코치는 완고하다.

2002월드컵 때 박항서 코치가 제일 유명했던 코치인 것 같습니다.

---

⁵
certainly

[sə́:rtnli · **썰은리**] 확실히

Certainly, he loves you.
확실히 그는 너 사랑해.

certainly와 비슷한 말로 definitely, surely 등이 있다.

---

⁵
blank

[blæŋk · **블랭크**] 빈칸

Fill in the blanks.
빈칸들 채워라.

괄호넣기 문제들은 보통 Fill in the blanks라고 나옵니다. '빈칸을 채우세요'라는 뜻입니다.

---

⁵
bit

[bit · **빝**] 작은 조각

Why don't you have a bit of this food?
이 음식 좀 먹어보지 그래?

'이 컴퓨터 프로그램은 크기가 50메가바이트나 돼'라는 식으로 이야기 할 때의 '바이트'라는 것은 bit가 8개 모인 크기입니다. 컴퓨터는 0과 1로만 이루어져 있습니다. 0이나 1은 1bit입니다.

Why don't you ~는 제안이나 충고를 할 때 자주 쓰이는 표현으로 '~하지 그래' '~하는 게 어때'의 의미이다. Why don't we ~나 Let's ~도 제안을 할 때 쓸 수 있는 대표적인 표현이다.

bake
⁵

[beik · 베익] (빵을) 굽다

My mother baked cookies for me.
어머니가 나를 위해 쿠키를 구우셨다.

빵집을 보통 베이커리(bakery)라고 합니다. bake하는 곳, 즉 빵굽는 곳이란 뜻이네요. 괜히 빵집을 영어로 옮긴답시고 bread house라고 하지 마세요.

---

ad
⁵

[æd · 애드] 광고

You should not believe the ads.
이 광고들 믿으면 안 돼.

personal ads라는 것이 있습니다(ad가 복수형이 되었네요). 직역을 하자면 개인적인(personal) 신상을 광고(ads)하는 것이란 뜻인데, '애인 구함 코너' 정도가 되겠네요.

ad는 advertisement를 줄인 말이다.

---

bow
⁵

[bau · 바우] 절하다

You should bow him.
너 그한테 절해야 해.

우리나라 말에서의 '절하다'는 표현만큼 미국에서 bow라는 표현은 안 쓰는 것 같습니다. 그만큼 절이란 것은 동양 문화인 듯합니다. 미국서는 보통 'shake hands(악수)'라고 하지요. 참고로 군대나 경찰에서 '경례하다'라고 할 때는 salute라는 단어를 씁니다.

break the ice
얼음 깨러 가자고?

대학을 다니다 휴학하고 카투사로 군복무를 하게 된 승철이 미국인 조지와 방을 함께 쓰게 되면서 생긴 일이다. 난생 처음 서양 사람과 한 방을 쓰게 된 승철이 대충 자기 소개를 했는데 룸메이트인 조지가 알아드는 듯해서 기분이 좋았다.
며칠 후 조지가 저녁을 먹고 들어오더니 이렇게 말하면서 승철의 반응을 살폈다.

> ## Why don't we have a drink to **break the ice**?

밤에 술 마시는 것까지는 좋은데, 이 한여름에 어디서 얼음을 깨자는 걸까? 무슨 얘긴지 갈피를 못잡은 승철은 「OK, but why don't we do it in winter?」(좋은데, 겨울에 하는 게 어떻겠니?) 하고 임기응변으로 둘러댔다.
그러나 승철은 **break the ice**가 '터놓고 지내다'라는 뜻인 줄 몰랐던 거다. 조지는 처음 만나 서먹한 분위기를 바꿔보려고 승철에게 "우리 술이나 한잔하면서 좀 친해보자"고 한 거였다. '얼음을 깨는' 것은 「Please break up these ice cubes and put some in my glass.」(큰 얼음을 잘게 깨서 잔에 넣어 주세요)에서 보듯이 break up this ice이다.

출처 : 「한국인이 가장 오해하기 쉬운 현지영어표현」(최정화 지음)

한 문장 암기로 단어 깡그리 외우기

When the pity, blond couple expected the temple to have some usual materials for education, they acted like judges suggesting seeds and roots for food and a big screen.

그 가엾고 금발인 한 쌍의 커플이 그 절이 교육을 위한 몇몇 일반적인 자료를 갖고 있었으면 하고 기대할 때에, 그들은 음식을 위한 씨앗과 뿌리와 대형 화면을 제안하면서 마치 판사들처럼 행동했다.

7

pity [píti · 피디] 연민, 불쌍한

My puppy is so pity.　내 강아지는 너무 불쌍하다.

7

blond [blɔnd · 블론드] 금발

He is blond.　그는 금발이다.

6

couple [kʌ́pl · 카플] 한 쌍

There are a couple of books on the desk.
책상 위에 두 권의 책이 있다.

7

expect [ikspékt · 익스펙트] 기대하다

Do not expect much.　많은 걸 바라지마.

6

temple [témpl · 템플] 사원, 절

I go to the temple on Sundays. 나는 일요일에 절에 다닌다.

5

usual [júːʒuəl · 유쥬얼] 일상의

I finished it in a usual way.　난 그걸 일상적인 방법으로 끝냈다.

5

material [mətíəriəl · 머티어리얼] 재료

We lack raw materials. 우리는 원료가 부족하다.

5

education [èdʒukéiʃən · 에쥬케이션] 교육

They received a higher education. 그들은 고등교육을 받았다.

6

act [ækt · 액트] 행동하다

He always acts like a child. 그는 늘 아이처럼 행동한다.

5

judge [dʒʌdʒ · 저쥐] 판단하다; 재판관

Don't judge the book by its cover.
표지만 보고 책을 판단하지 말아라.

5

suggest [sədʒést · 써제스트] 제안하다

He suggested me a plan. 그는 나에게 어떤 계획을 제안했다.

4

seed [siːd · 씨—드] 씨

These seeds have to be well preserved.
이 씨들은 잘 보존되어야 한다.

4

root [ruːt · 우룵] 뿌리

I don't know the root of my family. 내 가족의 뿌리를 알지 못한다.

4

screen [skriːn · 스크린] 화면

This movie needs a large screen. 이 영화는 대형화면이 필요하다.

Ⅰ. 다음 빈칸에 알맞은 단어를 넣어 문장을 완성하시오.

1. 그건 **확실히** 바람직하지 않다.

   _________, it is not desirable.

2. 애완동물을 가족처럼 **대하는** 것.

   _________ing pets as family members

3. 그는 **사라지지** 않았다.

   He did not _________.

4. **날카로운** 칼은 위험하다.

   A _________ knife is dangerous.

5. 그 **불쌍한 변호사**는 자살했다.

   The _________ _________ killed himself.

6. 이것은 **국제적인 상**이다.

   This is a(n) _________ _________ .

7. 그들은 **일반적인 판사들**이 아니다.

   They are not _________ _________ .

8. 나 돈 좀 **빌려줘**.

   Please, _________ me some money.

9. 우리는 어제 **절**에 갔었다.

   We went to a(n) _________.

10. 그들은 **정규교육**에 **친숙하지** 않다.

    They are not _________ with the _________ _________ .

1. seat	•	① 정확하게
2. exactly	•	② 비밀
3. effort	•	③ 기대하다
4. harvest	•	④ 점원
5. recipe	•	⑤ 해치다
6. clerk	•	⑥ 씨앗
7. secret	•	⑦ 요리법
8. bow	•	⑧ 추수하다
9. harm	•	⑨ 절하다
10. seed	•	⑩ 뿌리
11. root	•	⑪ 중요하다
12. count	•	⑫ 노력
13. expect	•	⑬ 좌석

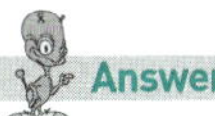

Answer

I.   1. Certainly 2. Treat 3. disappear 4. sharp 5. pity / lawyer 6. international / prize 7. usual / judges
     8. lend 9. temple 10. familiar / regular / education

II. 1. ⑬ 2. ① 3. ⑫ 4. ⑧ 5. ⑦ 6. ④ 7. ② 8. ⑨ 9. ⑤ 10. ⑥ 11. ⑩ 12. ⑪ 13. ③

2학년 교과서
3 종 이상 출현 단어

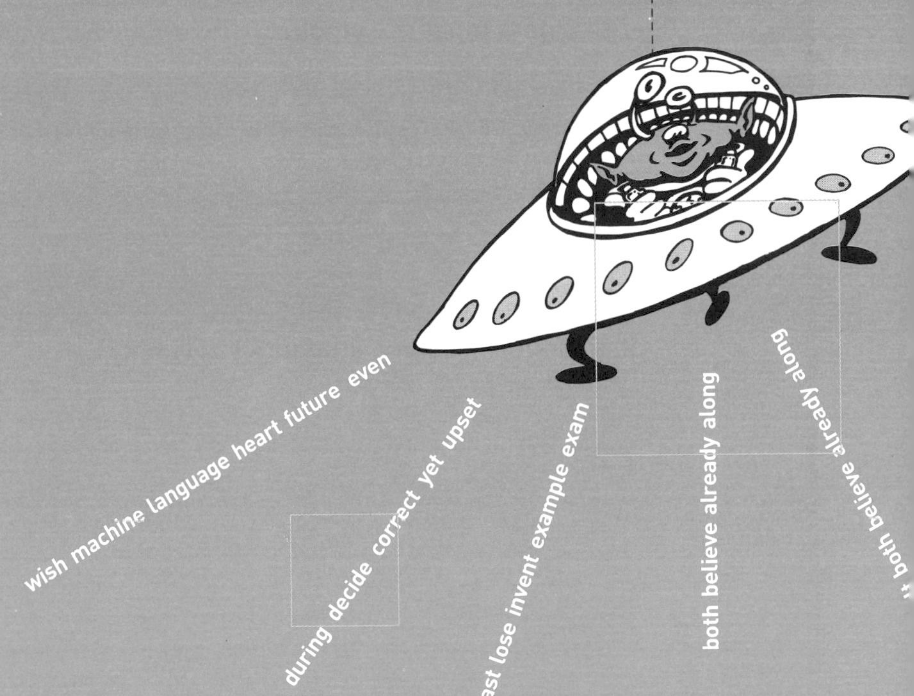

wing

[wiŋ · 윙] 날개

A bird has two wings.
새는 날개가 두 개 있다.

KFC에 가서 저는 wing만 시켜 먹습니다. 날개 먹으면 바람난다고 하는 데…

western

[wéstərn · 웨스턴] 서쪽의

I like western movies.
난 서부영화 좋아해.

우리말의 '동서남북'은 영어의 어순으로는 'north, east, south and west(북동남서)'이다. 그리고 이 네 단어들은 각각의 형용사가 있는데 western과 같이 끝에 –ern을 붙이면 된다.

teenager

[tí:nèidʒər · 틴에이저] 십대

Teenagers must not smoke.
십대들은 흡연하면 안 된다.

teen은 10을 의미합니다. thirteen은 13이고, sixteen은 16이지요.

society

[səsáiəti · 쏘싸이어디] 사회

In a modern society, students study only.
현대사회에서 학생은 공부만 한다.

silver

[sílvər · 씰붜] 은

My mother bought me a silver spoon.

엄마가 은숟가락을 사줬다.

금메달은 gold medal이고 은메달은 silver medal입니다. 동메달은 bronze medal이죠.

bought는 buy의 과거 및 과거분사형이다. buy는 4형식 동사로 목적어를 두 개 가지는 동사인데 3형식으로 바꿀 때는 전치사 for가 온다.
ex) My mother bought a silver spoon for me.

shoot

[ʃuːt · 슅] 쏘다

He shot her on the head.

그는 그녀 머리에 총을 쐈다.

shoot은 불규칙 동사로 과거와 과거분사형은 shot-shot이다. 그리고 위 문장과 같이 사람(목적어)의 신체부위를 나타내는 경우 소유격이 아니라 정관사 the를 붙인다. 하지만 목적어가 없는 경우 그냥 소유격을 쓴다. ex) He shot her head.

response

[rispáns · 뤼스판스] 대답

Their response was simple.

그들의 대답은 간단했다.

relative

[rélətiv · 뤨러티브] 친척; 상대적인

Boa is his relative.

보아는 그의 친척이다.

relation이라고 하면 원래 '관계'라는 뜻입니다. 친척은 관계 있는 사람이지요. 실제로 "Are you two related?"이라는 표현은 "너희 둘 관계 있냐?"는 뜻이 아니고 "너희 둘 친척이냐?"는 뜻입니다.

pull

[pul · 풀] 잡아당기다

Pull the lever.

레버를 당겨라.

문을 보면 push라는 단어와 pull이라는 단어가 있습니다. push는 '밀다'고, pull은 '당기다'입니다. 저는 항상 이 두 가지 단어가 헷갈려서 매번 잘못 해석하는 경우가 많습니다만, 이 책으로 공부하신 독자들께서는 절대 저처럼 되지 마시기 바랍니다.

pole

[poul · 포울] 막대기, 극

There is an electric pole.

거기 전봇대가 있다.

예전에 거리를 가면서 전봇대는 영어로 뭘까, 가로등은 뭘까 하면서 영어에 빠졌던 적이 있습니다. 이제 그 정도까지의 열정은 사라졌지만, 여러분들께서는 반드시 그런 열정을 가지고 영어 공부를 하시기 바랍니다.

period

[píəriəd · 피어리어드] 마침표, 기간

The childhood period is very important.

어린 시기는 매우 중요하다.

어느 시점부터 마치는 점까지를 기간이라고 하지요. 그래서 '마침표'라는 의미도 있고 '기간'이라는 의미도 있나봅니다.

patient

[péiʃənt · 페이션트] 환자; 참을성 있는

She was my patient.

그녀는 내 환자였다.

환자들은 잘 참아야지요. 그래서 이 단어는 명사로 '환자'고 형용사로는 '참을성 있는'이란 뜻이 되었나 봅니다.

pardon

[páːrdn · 파어든] 용서(하다)

I beg your pardon.

용서를 빕니다.

pal

[pæl · 패앨] 친구(= friend)

Hey pal, give me some money.

어이 친구 돈 좀 줘.

펜팔을 풀어보면, '펜(pen) + 친구(pal)'입니다. 펜으로 서신을 교환하는 친구라는 뜻이지요.

mistake

[mistéik · 미스테익] 실수

They stopped making mistakes.

그들은 실수하는 걸 멈췄다.

mistake은 사소한 실수, fault는 중대한 실수를 의미한다.

local

[lóukəl · 로우컬] 지역의

The local economy is worse than before.

지역경제가 예전보다 안 좋다.

흔히 한국이 몇 시면 LA는 현지 시간으로 몇 시라는 식의 이야기를 합니다. 이때의 현지 시간은 영어로 the local time이라고 합니다. 직역을 하자면 '지역시간'이라고 해석이 됩니다.

litter

[lítər · 을리러] 쓰레기; 어질러 놓다

Do not litter up your room!
네 방 어지르지 마라

liter라는 단어와 헷갈리지 마세요. 콜라 페트병 1.5리터짜리 등의 이야기를 할 때의 liter와는 철자가 다릅니다.

lie

[lai · 을라이] 눕다; 거짓말

Don't tell a lie. Just tell me the truth.
거짓말은 하지 말고 진실만을 말해줘.

kilometer

[kilámətər · 킬러미러] 킬로미터

One kilometer means a thousand meters.
1킬로미터는 1000미터를 의미한다.

kilo는 1000을 의미합니다. 그래서 1000g이 1kilogram이 되는 것이지요.

helpful

[hélpfəl · 헤얼펄(훨)] 도움이 되는

He was quite helpful.
그는 꽤 도움되었다.

helpful은 help의 형용사형이다. 그리고 help는 동사이기도 하고 명사이기도 하다.

gray

[grei · 그레이] 회색

The color of my car is gray.
내 차는 회색이다.

general
[dʒénərəl · 제너럴] 일반적인

The general rule is simple.
일반적인 규칙은 간단해.

이 단어는 '장군'이라는 명사도 되고 '일반적인'이라는 형용사도 됩니다. 그래서 "He is a general general"이라고 쓰게 되면 "그는 일반적인 장군이다"라는 뜻이 되지요.

---

gain
[gein · 게인] 얻다

No pain, no gain.
고통이 없으면 얻는 것도 없다.

이 예문에서의 pain(페인)은 인터넷 폐인 할 때의 폐인이 아닙니다. '고통'이라는 뜻이지요. 하긴 폐인으로 살면 고통스럽긴 하지만…

---

furniture
[fə́:rnitʃər · 퍼(훠)니처] 가구

The bed is not furniture. It is science.
침대는 가구가 아니라 과학입니다.

---

fold
[fould · 포(호)울드] 접다

Do not fold this paper.
이 종이 접지 마세요.

컴퓨터 용어로 '폴더'라는 것이 있습니다. '접어놓은 것'이란 뜻이 되지요. 그 안에 파일 등을 집어 넣을 수 있지요.

focus

[fóukəs · 포(호)커스] 초점을 맞추다

This chapter focuses on the environmental problem.

이 장은 환경문제에 초점을 두고 있다.

 TV 프로그램 중에서 '시사 포커스' '미디어 포커스'라는 것들이 있습니다. 시사 문제, 미디어 문제에 초점을 맞추어 분석하는 프로그램이죠.

---

flight

[flait · 플(흘)라잍] 비행

The flight attendants will help you in any emergency.

비행 승무원들이 위급사항이 발생하면 여러분을 도울 것입니다.

 flight, freight, fright 이 세 단어는 비슷하므로 철저하게 구분해서 외워야 한다. flight는 '비행', freight는 '화물', fright는 '공포'다.

---

noisy

[nɔ́izi · 노이지] 시끄러운

It is too noisy out here.

이곳 바깥은 너무 시끄러워.

 noise(소음)의 형용사입니다. 코를 너무 킁킁거리면 '당신 코는 시끄러운 소음'이 됩니다. 한 번 따라해보세요. "Your nose is a noisy noise."

---

disappointed

[dìsəpɔ́intid · 디서포이닏] 실망스런

I was disappointed by him.

난 그에게 실망했어.

 point를 애써서 쌓아 놓았는데 사라져 버리니(disappear) 실망할(disappointed) 수밖에요.

dirt
[dəːrt · 더어트] 먼지

There is a lot of dirt in this room.
이 방엔 먼지가 많아.

스포츠 경기에서 '더티 플레이'를 펼치는 사람들이 많이 있습니다. '더티'는 dirty 즉, 먼지(dirt)의 형용사형입니다. '더러운'의 뜻이지요.

cookie
[kúki · 쿠키] 쿠키

This cookie tastes very good.
이 쿠키는 맛이 좋다.

taste는 2형식 동사이기 때문에 형용사를 보어로 취한다. 부사를 쓰지 않도록 주의한다. 이와 같은 동사로는 be동사를 비롯해 become, smell, grow, look, sound, remain, get 등이 있다.

comic
[kámik · 카믹] 만화

Don't read too many comic books.
만화책 많이 읽지마.

'코믹북 시리즈'라는 것이 있습니다. 만화책 시리즈겠지요.

chart
[tʃɑrt · 챠어트] 표

Please look at this chart carefully.
이 도표를 주의해서 봐 주세요.

chain
[tʃein · 췌인] (쇠)사슬

He is a chain smoker.
그는 줄담배 피는 사람입니다.

TGIF 등의 식당을 체인점이라고 합니다. 사슬처럼 연결되어 관리되는 식당을 의미하지요.

---

cabbage
[kǽbidʒ · 캐비지] 양배추

Boy, eat cabbage! It does you good.
애야, 양배추 먹어라. 몸에 좋다.

do someone good은 '~에게 이롭다'라는 뜻이고, 반대말은 do someone harm 이다.

---

bury
[béri · 베리] 파묻다

Bury this treasure here.
여기 이 보물 파묻어라.

very를 잘못 발음하면 bury가 됩니다. 큰일나지요. 발음은 항상 조심!

---

bulb
[bʌlb · 벌브] (전구 등과 같은) 구형의 것

Edison invented the light bulb.
에디슨은 전구를 발명했다.

전구는 빛을 내는 둥그런 것이므로 light bulb라고 합니다. 또한 식물의 뿌리부분을 보면 두툼한 곳이 있습니다. 파를 보면 줄기와 뿌리 사이에 둥그런 부분이 있지요. 이 부분을 bulb라고 합니다.

bridge

[bridʒ · 브리지] 다리

The bridge on the river is strong.
그 강의 다리는 튼튼하다.

brick

[brik · 브릭] 벽돌

There is a yellow-brick road there.
거기 노란 벽돌로 된 길이 있다.

appointment

[əpɔ́intmənt · 어포인먼트] 약속

I have an appointment with my doctor.
나 의사하고 약속 있어.

point는 점이란 뜻이고, appoint는 점을 찍는다는 의미에서 '지명하다, 임명하다'는 뜻이 된다. 그러니 appointment는 '점을 찍어둔 것' 즉 '정해진 것' 정도의 의미가 되는데 이것이 '약속'이라는 의미로 쓰이게 되었다.

able

[éibl · 에이블] ~할 수 있는

He is able to finish it by tomorrow.
그는 그거 내일까지 끝낼 수 있어.

brush

[brʌʃ · 브러쉬] 솔

Change your toothbrush.
칫솔 바꿔.

toothbrush는 칫솔을 의미합니다. tooth는 '이', brush는 '솔'을 의미하니까요.

3

whale

[*h*weil · 웨일] 고래

A whale is a mammal.
고래는 포유류이다.

고래가 whale이면 고래밥은 whale rice인가?

3

web

[web · 웹] 망, 그물

'WWW' stands for World Wide Web.
www는 전세계적으로 퍼진 그물을 의미합니다.

3

volcano

[vɑlkéinou · 뷀케이노] 화산

There is a volcano in my town.
내 마을에는 화산이 있다.

화산은 뜨거우므로 보려고 하면 안 됩니다. 용암이 뜨거워서죠.

3

valley

[vǽli · 뱰리] 계곡

He miraculously survived from the death valley.
그는 기적적으로 죽음의 계곡에서 살아남았다.

카레이싱으로 유명한 '데쓰뱰리'의 '뱰리'는 '계곡'입니다.

terrific
[tərífik · **터뤼픽(휙)**] 훌륭한

Your score is terrific.

너의 점수는 훌륭해.

terrible이라는 단어와 헷갈리지 마세요. 미인을 보고 "You are terrific"이라고 해야지 잘못 써서 그 반대말인 "You are terrible"이라고 하면 뺨맞습니다.

sudden
[sʌ́dn · **써든**] 갑작스러운

All of sudden, he died.

갑작스럽게 그는 죽었다.

얼마 전까지, 축구 전후반전이 끝나고 승부가 갈리지 않으면 '서든데스'를 했습니다. Sudden Death 즉, '갑작스러운 죽음'이란 뜻으로, 한 골만 넣으면 갑자기 경기가 끝나는 방식이지요.

silent
[sáilənt · **싸일런트**] 조용한

I can study only in a silent environment.

난 조용한 환경에서만 공부할 수있다.

사이먼과 가펑클의 "Sound of Silence"라는 노래가 있습니다. 침묵의 소리라고 해석이 됩니다만, 그것이 무슨 뜻인지는 모르겠습니다.

sheet
[ʃiːt · **쉬잍**] (종이) 한 장

Time's up. Turn in your answer sheet.

시간이 다 됐습니다. 답안지를 제출하세요.

be up은 '끝나다, 다 되다'라는 뜻으로 be over로 바꿔 쓸 수 있다. turn in은 '제출하다'라는 의미인데 hand in, submit으로 바꿔 쓸 수 있다.

section

3

[sékʃən · 쎅션] 구역

The smoking section is over there.
흡연구역은 저쪽입니다.

 흡연구역은 smoking section이라고 합니다. 흡연실은 smoking room 이라고 하지요. 단어 외우기 아무리 어렵다고 담배 피우면서 외우지 마세요.

scream

3

[skri:m · 스크림] 비명을 지르다

I scream ice cream.
난 아이스크림이라고 비명을 지른다.

 공포 영화 중에 「스크림」이란 것이 있습니다. 우리나라 말로 '비명'이 됩니다.

reuse

3

[ri:júːz · 뤼-유즈] 재사용하다

Don't throw it away. Please reuse it.
이거 버리지 마세요. 다시 사용하세요.

 re-는 again, 즉 '다시'라는 뜻입니다.

puppy

3

[pʌ́pi · 퍼피] 강아지

There are cute puppies in the pet shop.
그 애완용품 가게에 귀여운 강아지들이 있다.

 단어 자체가 귀엽지 않습니까? 참고로 새끼 고양이는 '키티(kitty)'라고 하지요.

publish
[pʌ́bliʃ · **퍼블리쉬**] 출판하다

My essay was published.

내 에세이가 출판되었다.

public은 '공공의'란 뜻이고, publish는 공공, 즉 일반대중이 알 수 있
도록 하는 것으로 '출판하다'가 되지요.

provide
[prəváid · **프러봐이드**] 제공하다

He provided me with the information.

그는 나에게 그 정보를 제공했었다.

provide는 4형식 동사(목적어를 두 개 가지는 동사)로 착각하기 쉽지만 3형식 동사이므
로 두 개의 목적어가 연이어 나올 수는 없다. 둘 중 하나 앞에는 반드시 전치사가 있어야
한다. ex) He provided the information for me.

prison
[prízn · **프리즌**] 감옥

He went to prison.

그는 감옥에 갔다.

prisoner는 '죄수'란 뜻이다.

pray
[prei · **프레이**] 기도(하다)

The village chief prayed for rain.

그 추장은 비를 내려달라고 기도했다.

참고로 prey는 '먹이, 사냥감'을 의미한다.

policy

[pάləsi · **팔러씨**] 정책

The policy of the government was not successful.
정부 정책이 성공적이지 못했다.

perform

[pərfɔ́ːrm · **퍼포(호)엄**] 실행하다

He performed a plastic surgery.
그는 성형수술을 실행했다.

pan

[pæn · **팬**] 납작한 냄비

Mom is cooking with a frying pan.
엄마가 프라이팬으로 요리를 하고 있다.

'나는 이효리 팬이야' 라고 이야기할 때는 fan이라고 발음해야 합니다. 만약 pan이라고 발음하면 잘못하다간 '난 이효리 냄비야' 라고 해석될 수 있습니다.

ouch

[autʃ · **아우치**] 아야, 아이쿠

Ouch! I just slipped.
아이쿠! 방금 넘어졌어.

quickly

[kwíkli · **퀵클리**] 빨리, 서둘러, 금방

Make a decision quickly.
결정 빨리 해.

³
nowhere

[nóuhwɛ̀ər · 노우웨어] 어딘지 모르는 곳

He came from nowhere.

그는 어디선가에서 갑자기 나타났다.

where는 장소를 나타내는 것이고, 거기 no가 붙었으니 '어디에도 없는 곳에'라는 뜻이 되었네요.

---

³
slice

[slais · 슬라이스] 얇은 조각

I had a slice of bread and a cup of coffee for breakfast.

나는 아침으로 빵 한 조각과 커피 한 잔을 마셨다.

---

³
nowadays

[náuədèiz · 나우어데이즈] 요즈음에는

Nowadays, money is everything.

요즈음엔 돈이 전부다.

now a days라고 쓰지 마세요. 관사 a, 복수형 −s와는 상관없는 그냥 한 단어입니다.

---

³
most

[moust · 모우스트] 대부분, 가장~한

Most people like the President.

대부분의 사람들이 대통령을 좋아한다.

more의 최상급은 most이고, less의 최상급은 least입니다. better는 최상급이 best이지요. 그럼 ghost는 뭐의 최상급일까요? 사람이 죽으면 'ghost(귀신)'가 되니 ghost는 사람(person)의 최상급이겠네요?

³
merchant

[mə́ːrtʃənt · 머어천트] 상인

I read "The Merchant of Venice" last night.
나는 어젯밤에 『베니스의 상인』을 읽었다.

merchant는 '상인'이고 merchandise는 '(백화점) 상품, 제품'의 뜻이다.

---

³
length

[leŋθ · 을랭쓰] 길이

The length of this product is 40cm.
이 제품의 길이는 40센티이다.

long의 명사형이다. 참고로 wide도 width와 같이 뒤에 th를 붙여 명사형을 만든다.

---

³
honor

[ánər · 아너] 명예

It is my honor to meet you.
당신을 만나서 영광입니다.

honorary president는 명예회장이다. 그리고 이 문장은 가주어–진주어 구문이다.
It은 형식상의 주어이고 진짜 주어는 to meet you다.

---

³
good-looking

[gúdlúkiŋ · 굳루킹] 잘 생긴

Don't like a good-looking guy.
잘 생긴 남자 좋아하지 마라.

반대말은 ugly다.

---

³
golden

[góuldən · 고울든] 금빛의

He came on the golden-colored carriage.
그는 황금빛 마차를 타고 왔다.

3

gold

[gould · **고울드**] 금

He found a gold mine and became rich.
그는 금광을 발견해서 부자가 되었다.

 LG그룹의 LG는 Lucky Goldstar를 줄인 말입니다. '럭키금성'이 그 의미인데, 사실 금성은 Goldstar가 아니라 Venus라고 하지요.

3

giraffe

[dʒərǽf · **쥐뢔**프(흐)] 기린

This giraffe has a long neck.
이 기린은 목이 길다.

 '기라페'라고 읽지 마세요. 뭘 패라는 얘기인지…

3

emperor

[émpərər · **엠퍼러**] 황제

Soonjong is the Last Emperor of Korea.
순종이 한국의 마지막 황제다.

 '마지막 황제'라고 할 때의 황제는 emperor이지만, '반지의 제왕'이라고 할 때는 이 단어 쓰지 마세요. '반지의 제왕'은 The Lord of the Rings입니다.

3

development

[divéləpmənt · **디뻴렆먼**트] 발달

The medical development is not always good.
의학 발전이 항상 좋은 것은 아니다.

destroy

[distrɔ́i · **디스트로이**] 파괴하다

The building was destroyed.
그 빌딩이 파괴되었다.

de-는 '없애다'는 뜻을 가진 접두사다. demolish도 '파괴하다'는 뜻이고, deodorizer
는 '악취제거제'의 의미이다.

curve

[kə:rv · **커어브**] 곡선

He is good at curve balls.
그는 커브볼에 능해.

그럼 직구는 어떻게 쓸까요? straight라고 합니다.

curious

[kjúəriəs · **큐어리어스**] 호기심이 있는

Cats are curious about everything.
고양이는 모든 것에 호기심을 가진다.

명사는 curiosity(호기심)이다.

crop

[krɑp · **크뢉**] 농작물

We have a large amount of crops.
우리는 많은 농작물이 있다.

corp와 헷갈리지 말 것. corp.는 corporation(회사, 법인)의 준말이고, corps는 '군단'
이다. the Marine Corps는 '해병대'를 뜻한다.

court

[kɔːrt · 코어트] 안뜰, 코트

The Wimbledon Championships will be held in this court.

윔블던 대회는 이 코트에서 개최될 것이다.

 예전에는 테니스를 안뜰에서 했나 봅니다. 테니스장에 court라는 표현을 했으니까요.

 be held in은 '~에서 개최되다'라는 뜻이다. 그리고 held는 hold의 과거 및 과거분사형으로 불규칙 동사이다.

---

complaint

[kəmpléint · 컴플레인트] 불평

There is no complaint from the customers.

고객들로부터 불평이 없습니다.

 동사 뒤에 –t가 붙어 명사가 되는 단어들이 있다. complaint도 –t가 빠진 complain은 동사이고, weight(무게) 역시 weigh(무게가 나가다)라는 동사에 –t가 붙은 명사이다.

---

cage

[keidʒ · 케이지] 새장

The bird is in the cage.

그 새는 새장에 있다.

 니콜라스 케이지는 성이 Cage, 즉 '새장'입니다. 새장 장수 집안이었나 봅니다.

---

billion

[bíljən · 빌리언] 10억

The politician took 50 billion won.

그 정치인은 500억 받았다.

 million은 '백만', billion은 '10억'이다.

3
belong to
[bilɔ́ːŋ · **빌롱**] ~의 것이다, ~에 속하다

This watch belongs to me.
이 시계는 나의 것이다.

3
bathroom
[bǽθru(ː)m · **배쓰룸**] 욕실

The bathroom is the most important room to me.
욕실은 나에게 제일 중요한 방이다.

 bath는 '목욕'이고 bathroom은 '목욕하는 방'입니다.

3
asleep
[əslíːp · 어**슬맆**] 잠들어 있는

He was asleep while I was studying.
내가 공부하고 있는 동안에 그는 잠들었다.

 sleep은 '자다'라는 동사인데 앞에 a가 붙어 형용사가 되었다. 이런 경우가 좀더 있는 데, awake(깨어있는), alive, aware 등이 그것이다. 이 외에도 앞에 a-가 붙는 형용사 들(alike, alone, ashamed, afraid 등)은 명사를 앞에서 수식하지 못하고 서술적으로 만 쓰인다.

3
ashamed
[əʃéimd · 어**쉐임드**] 부끄러워하는

Don't be ashamed.
부끄러워하지 마.

3
anyway
[éniwèi · **에니웨이**] 어쨌든

Anyway, he doesn't like you.
어쨌든 그는 너를 안 좋아해.

 any(어느) + way(길)에서 '어느 길이든'이라는 의미에서 '어쨌든'이 된 것입니다.

sleep on it
베고 자보고 말해준다고?

여름 방학을 맞아 형래는 그 동안 모아둔 돈으로 뉴욕 여행 계획을 세웠다. '현지를 잘 아는 친구랑 같이 가면 좋을 텐데…' 하고 고민하던 형래는 같은 기숙사 친구 스티브를 생각해냈다. '동부 출신이니깐 그곳 지리도 잘 알겠지?' 평소 친하게 지내던 사이라 당장 달려가서 같이 여행갈 생각이 없는지 물었는데 스티브의 대답이 어째 아리송했다.

> # Let me **sleep on it**. And I'll let you know tomorrow.

베고 자다니? 베고 잔 소감을 내일 말해준다고? 가기 싫으면 좋게 싫다고 말할 것이지, 치사하게 별 아리송한 말로 대답을 회피하다니… 형래는 못내 아쉬웠다.
방에 돌아와 형래는 룸메이트에게 사건 전말을 설명하고 위로를 구하는데, 룸메이트가 배꼽을 잡고 웃는 게 아닌가! 얘길 듣고보니 괜한 오해를 했구나 싶었다. **sleep on it**은 베고 잔다는 뜻이 아니라 '**하루동안 생각해 본다**'는 의미였던 것이다.

출처 : 『한국인이 가장 오해하기 쉬운 현지영어표현』(최정화 지음)

한 문장 암기로 단어 깡그리 외우기

This impressive speech seemed to wake someone who was once excited by wooden equipment.

이러한 인상적인 연설은 나무로 된 장비에 일단 흥분한 사람을 깨우는 듯이 보였다.

3

impressive [imprésiv · 임프레시브] 인상적인

The movie is quite impressive.   그 영화는 꽤 인상적이다.

3

speech [spi:tʃ · 스피치] 연설

The President delivered a speech in Congress.
대통령이 의회에서 연설했다.

12

seem [si:m · 씨임] ~처럼 보이다

They seemed Americans.   그들은 미국인들처럼 보였다.

12

wake [weik · 웨익] (잠이) 깨다, 깨우다

Wake me up at 8.   8시에 깨워.

3

someone [sʌ́mwʌ̀n · 썸원] 누군가

Someone died in the building.   그 빌딩에서 누군가 죽었다.

3

excite [iksáit · 익싸잍] 흥분시키다

I was so excited.   나 아주 흥분했었어.

3

wooden [wúdn · 우든] 나무로 된

It is a wooden dipper. 이것은 나무로 된 국자입니다.

3

equipment [ikwípmənt · 이큅먼트] 장비

This medical equipment is unbelievable. 이 의학 장비는 엄청나.

The clever president's interest in this brand completely reduced the degree of the emergency.

영리한 회장의 이 브랜드에 대한 관심이 위급함의 정도를 완전히 줄였다.

4

clever [klévər · 클레붜] 영리한

Your dog is not so clever. 너의 개는 그리 영리하지는 않다.

3

interest [íntərəst · 인터뤠스트] 관심, 흥미

My teacher has no interest in politics.
내 선생님은 정치에 전혀 관심이 없으시다.

3

brand [brænd · 브랜드] 상표

Samsung is a famous brand. 삼성은 유명한 상표입니다.

3

completely [kəmplíːtli · 컴플릴리] 완전히

She completely failed. 그녀는 완전히 실패했다.

reduce [ridʒúːs · 리듀-스] 줄이다

Studying English reduces your stress.
영어 공부하는 것은 당신의 스트레스를 줄인다.

emergency [iméːrdʒənsi · 이머어전씨] 긴급 사태

This is an emergency number. 이건 긴급할 때 쓰는 번호야.

drown one's sorrow
슬픔을 물에 빠뜨린다고?

요즘 들어 수업 시간에 마이크가 통 보이지 않았다. 걱정이 된 정수는 마이크랑 같은 기숙사에 살고 있는 피터에게 혹시 무슨 일이라도 있는 것은 아닌지 물었다. 그랬더니 피터가 아리송한 대답을 했다.

> **Mike is in the bar drowning his sorrows.**
> **He just broke up with his girl friend.**

정수는 '마이크가 여자친구랑 헤어져서 상심이 컸구나… 그런데 슬픔을 물에 빠뜨린 다니? 마이크가 있다는 그 바에 가보면 알겠지' 하고 생각했다. 방과 후 바에 들어서자 마이크가 혼자 술에 취해 흥얼거리고 있었다. 아! **drown one's sorrow** 하면 **'슬픔을 잊기 위해 술을 마신다'** 는 뜻이었구나!

출처 : 『한국인이 가장 오해하기 쉬운 현지영어표현』(최정화 지음)

Exercise Test

I. 다음 빈칸에 알맞은 단어를 넣어 문장을 완성하시오.

1. 그의 **불평**은 적절치 않다.

   His __________ is not appropriate.

2. 그들의 성공은 꽤 **인상적**이다.

   Their success is quite __________.

3. 나 좀 아침에 **깨워죠**.

   Please __________ me up in the morning.

4. **10억불**은 적은 돈이 아니다.

   One __________ dollars is not a small amount of money.

5. **기린**은 사실 **영리하다**.

   The __________ is actually __________.

6. **조용한 황제**가 화났다.

   The __________ __________ got angry.

7. 귀여운 **강아지**는 안 **씨끄럽다**.

   A cute __________ is not __________.

8. 경제 **발전**은 정부의 지원이 있어야 한다.

   The economic __________ needs the support from the government

9. 이거 **출판**하자!

   Let's __________ it!

10. 위급상황의 수를 줄이는 것은 **불가능**해 보인다.

    __________ing the number of __________ situations __________

    to be impossible.

II. 다음의 영어와 우리말 뜻을 바르게 연결하시오.

1. equipment	•	①	실행하다
2. crop	•	②	장비
3. destroy	•	③	고래
4. length	•	④	갑작스런
5. merchant	•	⑤	농작물
6. slice	•	⑥	파괴하다
7. quickly	•	⑦	다시 사용하다
8. perform	•	⑧	길이
9. prison	•	⑨	교도소
10. scream	•	⑩	상인
11. reuse	•	⑪	조각
12. sudden	•	⑫	빨리
13. whale	•	⑬	비명을 지르다

Answer

I. 1. complaint 2. impressive 3. wake 4. billion 5. giraffe / clever 6. silent / emperor 7. puppy / noisy
    8. development 9. publish 10. Reduc(ing) / emergency / seems

II. 1. ② 2. ⑤ 3. ⑥ 4. ⑧ 5. ⑩ 6. ⑪ 7. ⑫ 8. ① 9. ⑨ 10. ⑬ 11. ⑦ 12. ④ 13. ③

3학년 교과서 8종 이상 출현 단어

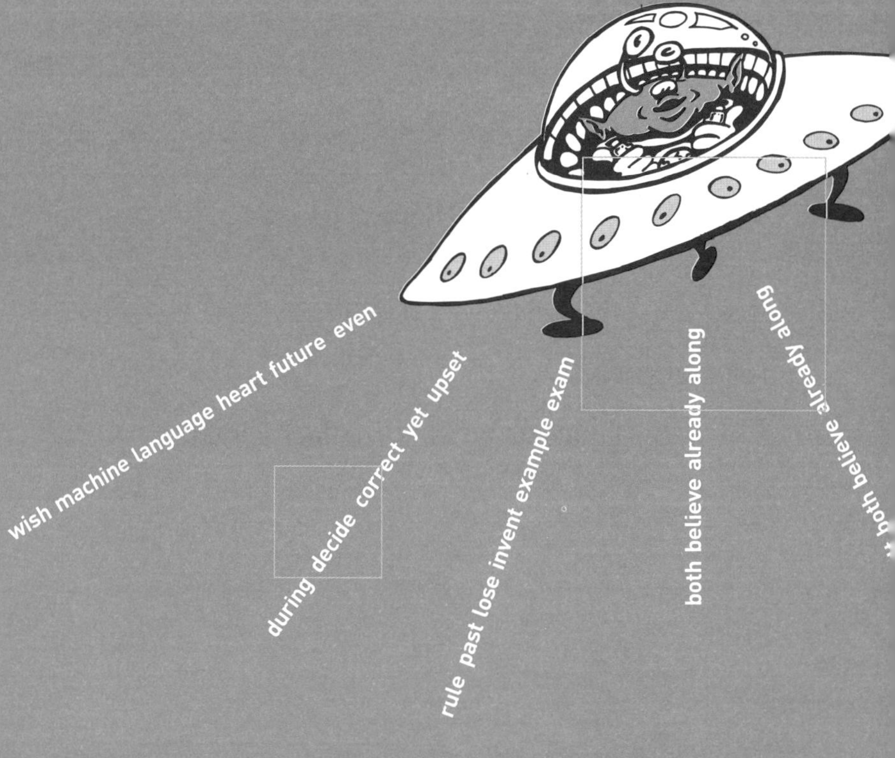

18
advise

[ædváiz · 앨봐이즈] 조언하다

My father advised me to play sports.

아버지가 스포츠를 하라고 조언하셨다.

advice(조언)는 명사형이다. 철자에 특히 주의해야 한다.

13
simple

[símpl · 씸플] 간단한, 순진한, 검소한

This question is not simple.

이 문제는 간단하지 않다.

13
share

[ʃɛər · 쉐어] 공유하다

We share a room.

우리는 방을 공유한다.

컴퓨터 소프트웨어 중에 '쉐어웨어'라는 것이 있습니다. 공유해서 쓰는 소프트웨어라는 뜻이지요. 쉐어웨어가 아닌데 공짜로 쓰는 것은 불법이지요.

12
weigh

[wei · 웨이] 무게가 나가다, 무게를 달다

He weighs 60 kg.

그는 몸무게가 60킬로그램 나간다.

12
million

[míljən · 밀리언] 100만

I make one million dollars a month.

나는 한 달에 100만 달러 번다.

12
grade
[greid · 그레이드] 등급, 학년, 성적

My son is in the third grade in the elementary school.
내 아들은 초등학교 3학년이다.

11
instead
[instéd · 인스테드] 대신에

Try this one instead of that one.
저거 대신 이거 입어봐.

try는 여러 가지 의미로 해석될 수 있다. 음식에 관해서라면 '먹어보다', 옷에 관해서라면 '입어보다', 어떤 일에 관해서라면 '해보다'로 해석이 된다.

11
such
[sətʃ · 써취] 그러한, 그와 같은, 이러한

She is afraid of such a thing.
그녀는 그런 일을 두려워한다.

be afraid 뒤에 전치사 of가 오면 뒤에 명사나 동명사가 이어지지만, that이 오면 of가 생략되고 뒤에는 주어, 동사를 갖춘 절이 이어진다.

11
shape
[ʃeip · 쉐잎] 모양

The shape of Korea is like that of a tiger.
한국의 모양은 호랑이의 모습과 닮았다.

흔히 말하는 '몸만들기'는 영어로 body making이 아니라 body shap-ing입니다. 몸의 모양 만들기 정도로 직역이 됩니다.

10
whole
[houl · 호울] 전체

The whole nation was surprised.
나라 전체가 놀랐다.

type

[taip · 타잎] (타자를) 치다; 유형

He is not my type.
그는 내 타입이 아니야.

Don't write, just type it.
쓰지 말고 타자로 쳐.

활자를 type이라고 하기도 하죠. 활자화한다는 의미에서 type이 '타자로 치다' 라는 뜻으로 쓰이는가 봅니다.

---

success

[səksés · 썩쎄스] 성공

Money couldn't mean success.
돈이 성공을 의미하지 않을 수 있다.

---

since

[sins · 씬스] ~이래

I have missed him since he died.
그가 죽은 이래로 난 그를 그리워해왔다.

---

role

[roul · 로울] 역할

Pets play an important role.
애완동물은 중요한 역할을 한다.

영어 회화시간 등에서 role play라는 것을 합니다. 우리나라 말로 '역할놀이' 정도로 해석이 되는데, A와 B로 역할을 맡아 회화를 만들어 가는 것이지요.

¹⁰
result

[riz\xʌlt · 뤼절트] 결과

The result is unbelievable.
결과는 믿지 못할 정도다.

 반대말은 cause(원인)다. result는 또 동사로도 사용되는데 result in ~이라고 하면 '~로 결과를 맺다'라는 뜻이고, result from ~이라고 하면 '~로부터 결과가 생기다'라는 뜻이다. 즉, in 뒤에는 '결과'가 오고, from 뒤에는 '결과의 원인'이 온다.

---

¹⁰
pollution

[pəlú:ʃən · 펄루션] 공해

I oppose the factory because of the pollution.
공해 때문에 공장에 반대한다.

 '환경오염'은 environmental pollution이라고 한다.

---

¹⁰
opinion

[əpínjən · 어피니언] 의견

I agree with your opinion.
난 네 의견에 동의해.

---

¹⁰
human

[hjú:mən · 휴먼] 사람

The human is better than the monkey.
인간이 원숭이보다 낫다.

10
goal
[goul · 고울] 목표

The goal of my life is to marry you.
내 인생의 목표는 너하고 결혼하는 것이야.

 축구할 때 '골인(goal in)'이라고 하는 것은 목표물(goal)에 공을 집어 넣는(in) 것을 의미합니다.

 '~와 결혼하다'라고 할 때 with라는 전치사가 올 것 같지만 marry는 전치사 없이 바로 목적어를 취하는 타동사이다. 이런 류의 동사로는 discuss, resemble, attend, reach, accompany 등이 있는데 모두 전치사 없이 목적어를 취하는 동사이다.

10
explain
[ikspléin · 익스플레인] 설명하다

Would you explain it to me?
그거 저한테 설명해 주시겠습니까?

 Would you ~는 부탁이나 청유를 할 때 자주 쓰는 표현이다. Could you ~를 쓰기도 하는데 둘 모두 Will you ~나 Can you ~보다 정중한 표현이다.

10
energy
[énərdʒi · 에너지] 에너지

This machine needs much energy.
이 기계는 많은 에너지가 필요해.

10
effect
[ifékt · 이펙(휄)트] 효과, 영향

TV gives bad effects on teenagers.
티비는 10대들에게 나쁜 영향을 준다.

 영화에서 흔히 말하는 '특수효과'는 special effects라고 합니다.

10

contest

[kántest · **칸테스트**] 경연, 경쟁

A beauty contest will be held in Korea.

미인대회가 한국에서 개최될 것이다.

10

produce

[prədʒúːs · **프러듀스**] 생산하다

They produce many products.

그들은 많은 물건을 생산한다.

9

worry

[wə́ːri · **워리**] 걱정하다

Don't worry, be happy.

걱정하지 말고 행복해라.

9

whether

[hwéðər · **웨더**] ～인지 아닌지

I am not sure whether he is the man.

그가 그 남자인지 확신이 안돼.

예전에 whether를 weather(날씨)로 철자를 틀리게 쓰는 학생을 보았습니다. 선생님도 긴가 민가 하여 헷갈렸던 기억이 납니다. 절대로 선생님을 헷갈리게 하지 마세요.

9

view

[vjuː · **뷰–**] 경치

I want a room with a good view.

전망 좋은 방으로 주세요.

tip

[tip · 팁] 끝, 조언

When it comes to mathematics, Dan has it at his finger tips.

수학이라면 댄이 정통해 있다.

 When it comes to ~는 '~로 말하면, ~에 있어서는'라는 뜻이고, at one's finger tips는 '~에 정통한'이라는 뜻이다. 이 말은 빌 게이츠가 한 말로 자신의 손가락 끝에 모든 정보가 있을 정도로 잘 안다는 뜻이다. at the tips of one's finger로도 쓴다.

step

[step · 스텝] 걸음, 계단

He succeeded step by step.

그는 한 걸음 한 걸음 성공했다.

 춤출 때 스텝을 맞춘다고 하지요. 이때의 스텝은 '걸음'을 의미합니다.

sense

[sens · 쎈스] 감각

He has a good sense of humor.

그는 유머감각이 풍부하다.

 '예술적인 센스있는 사람' 등의 표현에서 볼 수 있듯이 센스는 '감각'의 의미로 많이 쓰입니다. 여러분들이 이 책을 꾸준히 본다면 영단어 암기에 센스 있는 학생이 될 것입니다.

raise

[reiz · 뤠이즈] (가축을) 기르다; (들어) 올리다

Raising pets is desirable.

애완동물을 기르는 것은 바람직하다.

 '국기 게양'이라고 할 때도 raise을 써서 raising the flag라고 하죠.

promise

[prámis · 프라미스] 약속, 약속하다

Promise me not to go there.

거기 안 가겠다고 나한테 약속해.

promise는 일반적으로 거짓말 안 하겠다는 약속, 잘 살아 보겠다는 약속을 의미하고 appointment는 의사와의 약속, 업무상 만나는 약속에 적당한 표현이다. 그럼 몇 시에 만날 약속은 어떻게 할까? "난 2시에 친구 만날 약속이 있다"를 영작하면 "I have an appointment with my friend at 2"가 된다.

project

[prádʒekt · 프라젝트] 계획, 과제

This project is to protect nature.

이 프로젝트는 자연을 보호하기 위한 것이다.

nature

[néitʃər · 네이처] 자연

We should protect nature.

우리는 자연을 보호해야 한다.

natural은 형용사로 '자연스러운'의 뜻이다.

medicine

[médəsin · 메러쓴] 의약품, 의학

I am majoring in medicine.

전 의약을 전공하고 있습니다.

medicine의 약자는 med. 라고 합니다. 'mad(미친)'라는 단어와 혼동하지 마십시오. 물론 공부에 미치지 않고는 의사가 될 수 없지만 말입니다.

major는 의미상 타동사 같지만 자동사이기 때문에 반드시 전치사(in)가 오고 목적어가 와야 한다. 이런 동사로는 graduate (from), wait (for) 등이 있다.

main

[mein · 메인] 주요한

There are two main points.

두 가지 중요한 점이 있습니다.

main event는 '주요 이벤트'라는 뜻이지요.

list

[list · 리스트] 목록, 명단

You are not on the list.

너는 명단에 없어.

lake

[leik · 레잌] 호수

You can find some houses around the lake.

그 호수 주위에서 집 몇 채를 발견할 수 있어.

'호수'는 lake, '연못'은 pond이다.

however

[hauévər · 하우에붜] 하지만

However, he doesn't like me.

하지만 그는 나를 안 좋아해.

however는 how(어떻게)와 ever(언제나)를 합한 단어입니다.

health

[helθ · 헬쓰] 건강

Health **is more important than money.**

건강은 돈보다 더 중요하다.

heal은 '치유하다'는 뜻이고, 이 heal에 –th가 붙은 게 health(건강)입니다. 말끔히 치유된 상태가 건강인 것입니다.

–th는 형용사와 동사 뒤에 붙어 추상명사를 만드는 접미사다. 잘 알다시피 숫자 뒤에 붙어 서수를 만들기도 한다. 그리고 health의 형용사형으로 healthy와 healthful이 있는데 전자는 '건강한', 후자는 '건강에 좋은'이라는 뜻이다.

---

forward

[fɔ́:rwərd · **포(호)워드**] 앞쪽에, 전방의

Look forward**!**

앞쪽을 봐!

forward의 for는 before(전에)에서 나온 for이고, ward는 방향을 의미합니다. 그래서 forward는 '앞쪽에'라는 뜻입니다.

---

fill

[fil · **필(휠)**] 채우다, 가득하다

Fill **her up.**

채워주세요.

패스트푸드점에서 콜라를 다 마시면 리필을 하죠. 이때의 refill은 're–다시'라는 말과 'fill 채우다'라는 말이 합쳐진 단어입니다.

차에 기름을 넣어달라고 할 때 차를 여자에 비유해 "Fill her up"이라고 한다. her 대신 it을 써서 "Fill it up"이라고도 한다.

experience

[ikspíəriəns · 익스피어리언스] 경험

He seemed to have had various kinds of experiences in his youth.

그는 젊은 시절에 다양한 경험을 가졌던 듯했다.

to have had는 완료부정사이다. to부정사구의 일이 주절보다 한 시제 앞선 일일 때 'to + 과거분사' 형태의 완료부정사를 쓴다. 알다시피 had는 have의 과거 및 과거분사 형이다.

comfortable

[kʌ́mftəbl · 컴퍼(훠)러블] 편안한

This car is comfortable.

이 차는 편안하다.

comfort는 명사형으로 '위안, 편안함'이란 뜻도 있고, 동사로 '위로하다'라는 뜻도 있다.

chance

[tʃæns · 챈스] 기회, 운

Sumi finally had a chance to study abroad.

수미는 마침내 유학 갈 기회를 가졌다.

blind

[blaind · 블라인드] 장님의

He became blind by love.

그는 사랑으로 장님이 되었다. (그는 사랑으로 눈이 멀었다.)

블라인더(blinder)라는 것이 있습니다. 어둡게 만드는 것이지요.

below

[bilóu · **빌로우**] ~아래에, ~밑에

There is a school below the mountain.

산 밑에 학교가 있다.

low는 '가격이 낮다'고 할 때의 '낮은'을 의미합니다. 그래서 below는 '아래에'를 의미합니다.

alone

[əlóun · **얼로운**] 홀로, 외로이; 다만~뿐

I like to study alone.

난 혼자 공부하고 싶다.

like, love 등은 to부정사와 동명사를 모두 목적어로 취할 수 있다. 그런데 둘 사이에는 미묘한 의미 차이가 있다. to부정사를 쓰는 경우 특정한 상황에서 '~하고 싶다'라는 뜻이고, 동명사를 쓰는 경우 일반적으로 '~하는 것을 좋아한다'라는 뜻이 된다.

allow

[əláu · **얼라우**] 허락하다

Please allow me to introduce myself.

제 소개하도록 허락해 주세요. (제 소개를 하겠습니다.)

against

[əgénst · **어겐스트**] ~에 반대하여

It is against my will.

이것은 내 의지와 반대다.

rise

[raiz · 롸이즈] 오르다

The sales rose.

판매가 올랐다.

검투사가 나오는 영화인 「글래디에이터(Gladiator)」의 포스터 중에 "A hero will rise"라는 문구가 있습니다. "영웅이 떠오를 것이다"라는 뜻입니다.

rise는 불규칙 동사로 변화형은 rise–rose–risen이다.

title

[táitl · 타이를] 제목

What is the title of the movie?

이 영화 제목이 뭐냐?

타이틀 매치(title match)라는 것이 있습니다. 타이틀은 제목이고 매치는 경기를 의합니다. 제목을 걸어 놓고, 즉 KTF배 경기라는 식의 제목을 걸어 놓고 경기하는 것을 의미합니다.

though

[ðou · 도우] ～지만

Though I like you, I can't marry you.

너를 좋아하지만 결혼은 못해.

therefore

[ðɛərfɔːr · 데어포(호)어] 그러므로, 그 결과

I can't marry you. Therefore, give it up.

나 너랑 결혼 못해. 그러니 포기해.

fore는 before할 때의 '앞'을 의미합니다. there는 '거기'이므로 therefore는 '거기 앞의'라는 뜻으로 '그 결과'라는 의미가 됩니다.

service

[sə́ːrvis · 써비스] 봉사

This company is known for the good after-sales service.

이 회사는 좋은 애프터 서비스로 유명하다.

be known for는 '~로 유명하다'라는 뜻이다. 반면, be known to는 '~에게 알려지다', be known as는 '~로 알려지다'의 뜻이다.

---

serve

[səːrv · 써—브] 봉사하다; (음식을) 제공하다

We served beef to him.

우리는 그에게 쇠고기를 대접했다.

가게에서 손님에게 서비스로 물건을 더 주면 이는 손님에게 '봉사'한다고도 볼 수 있겠지요. 그리고 호텔 식당에서 서빙하는 사람들을 위해 가격에 봉사료를 포함하여 돈을 내게 됩니다. 이때 쓰는 말이 serve입니다.

---

safety

[séifti · 쎄이프(흐)티] 안전

Safety is the best policy.

안전이 최고의 정책이다.

타자가 공을 치고 1루로 향할 때, 아웃되거나 세이프가 되지요. 세이프가 되면 안전하게 살아남는 것이 되겠지요.

---

reply

[riplái · 리플라이] 대답(하다)

Reply me soon.

곧 답변해줘.

reply와 비슷한 뜻으로 answer가 있다.

repeat

[ripíːt · 리피-트] 되풀이하다, 반복하다

Repeat after me.

나 따라하세요.

접두사 re−는 '다시'라는 뜻이다.

push

[puʃ · 푸쉬] 밀다

Don't push me hard.

나 세게 밀지 마.

중학교 때 영어 단어 공부를 열심히 안 해서 한때 엄청 헷갈렸던 단어입니다. push는 '밀다'이고 pull은 '당기다'입니다. 문을 열 때 pull이란 단어를 보고 절대 밀지 마시기 바랍니다. 그러니 단어 공부는 열심히 하셔야죠.

probably

[prábəbli · 프라버블리] 아마도

Probably, he loves you.

아마도 그가 너를 사랑하나봐.

probably는 maybe와 비슷한 뜻이지요. 회화할 때 maybe라는 말만 쓰지 말고 이 단어도 섞어가며 쓰세요.

prepare

[pripέər · 프리페어] 준비하다

Let's prepare lunch.

점심 준비하자.

planet

[plǽnit · 플래닡] 행성

Our planet is blue.

우리 행성은 푸르다.

natural

[nǽtʃərəl · 내츄럴] 당연한

It is natural that they go to school.

그들이 학교 다니는 것은 당연하다.

---

peace

[piːs · 피-스] 평화, 화합

He doesn't seem to like peace.

그는 평화를 좋아하지 않는 것처럼 보인다.

peace는 piss(오줌누다)와 발음이 비슷합니다. '난 평화를 원합니다'라고 말해야 할 것을 '난 오줌 누길 원해'라고 잘못 얘기하면 큰일이겠지요.

---

pain

[pein · 페인] 고통

He is a pain in the neck in our department.

그는 우리 부서의 골칫거리다.

아무래도 인터넷 '페인'들은 고통이 많겠지요. 그래서 '페인'이 고통이란 뜻이 되었나 봅니다.

---

national

[nǽʃənl · 내셔널] 국민의, 국가의

They raise the national flag in front of the school.

그들은 학교 앞에 국기를 게양한다.

national은 nation(국가)의 형용사형입니다.

raise와 rise를 혼동하지 말 것. raise는 '올리다'라는 뜻의 타동사로 목적어를 필요로 하지만 rise는 '떠오르다, 뜨다'라는 자동사이므로 목적어가 필요없다.
lie(눕다 · 자동사)와 lay(놓다, 눕히다 · 타동사)도 혼동하기 쉬운 동사이다.

moment

[móumənt · 모우먼트] 순간

The moment I saw you first, I fell in love.
나는 당신을 처음 본 순간 사랑에 빠졌습니다.

 fall in love with는 '~와 사랑에 빠지다, ~에게 반하다'라는 뜻이다. 그리고 fall은 불규칙 동사로 변화형은 fall–fell–fallen이다.

modern

[mádərn · 마던] 현대의

A modern society doesn't need you.
현대사회는 너를 필요로 하지 않아.

 modern의 반대말은 past(과거)이다.

mile

[mail · 마일] 마일(약 1,609m)

One mile is about 1,609 meters.
1마일은 대략 1,609미터이다.

 비행기를 타면 마일리지를 쌓을 수 있습니다. 마일리지란 총마일수를 의미합니다.

kid

[kid · 킫] 아이

Hey, kid!
이봐 얘야!

 버거킹의 키즈메뉴(kids menu)는 아이들을 위한 메뉴입니다.

host

[houst · 호우스트] 주인

The host of this party is me.

이 파티의 주인은 나다.

토크쇼의 진행자를 호스트(host)라고 합니다. 그 쇼의 주인임을 의미합니다.

form

[fɔːrm · 포(호)엄] 모양; 형성하다

They formed a new nation.

그들은 새로운 국가를 형성했다.

흔히들 '폼 잡지 마'라는 식의 이야기를 합니다. 해석하자면 '모양 잡지마' 정도의 의미가 됩니다. 무슨 모양인지는 모르겠습니다만…

except

[iksépt · 익쎕트] ~을 제외하고는

In this room, there are five except me.

이 방에는 나를 제외하고 다섯이 있다.

disease

[dizíːz · 디자-즈] 병

Nowadays, various diseases can be cured.

요즈음에는 다양한 질병들이 치유될 수 있다.

발음하기도 힘들 정도로 별로 안 좋은 분위기의 단어입니다.

disease는 '질병'인데 이와 비슷한 단어가 있다. decease인데 발음도 '디씨쓰'로 비슷하다. 의미는 '사망'이다.

difference

[dífərəns · 디퍼(훠)런스] 차이

The difference between them is huge.

그들 사이의 차이는 크다.

department

[dipá:rtmənt · **디팔먼트**] 부서, 과

He is a professor of the physics department.

그는 물리학과 교수다.

destroy 할 때의 de-는 '없애다'는 뜻이다. part는 부분을 의미하고, depart는 부분을 없애다는 뜻이다. 따라서 department는 부분을 없앤 곳이고 department store는 이 가게 저 가게를 합쳐놓은 부분을 없앤 가게, 즉 '백화점'을 의미한다.

copy

[kápi · **카피**] 복사

Give me a copy.

복사물 하나 줘.

복사기는 a copy machine이라고 한다.

control

[kəntróul · **컨추롤**] 통제하다

Can you control her?

그녀를 통제할 수 있겠니?

college

[kálidʒ · **칼리지**] 대학

Not all college students are bright.

모든 대학생들이 총명한 것은 아니다.

clay

[klei · **클레이**] 점토, 찰흙

The teacher said that we should bring clay for next class.

선생님이 다음 시간에 찰흙을 가져와야 한다고 말했다.

although

[ɔːlðóu · 올도우] (비록) ~이지만

Although I love you, I can't marry you.
내가 비록 너를 사랑하지만 결혼할 수는 없다.

bottom

[bátəm · **바럼**] 밑, 바닥

The bottom of this ship is made of wood.
이 배의 바닥은 나무로 만들어져 있다.

button(버튼)과 혼동하지 마세요.

한 문장 암기로 단어 깡그리 외우기

4

power [páuər · 파우어] 힘, 권력

The President has no power.   그 대통령은 힘이 없다.

8

certain [sə́:rtn · 썰은] 확실한, 어떤

This book is about a certain story.   이 책은 어떤 이야기에 관한 것입니다.

8

artist [á:rtist · 아어리스트] 예술가, 화가

Artists are like scientists.   예술가는 과학자와 같다.

7

suddenly [sʌ́dnli · 써든리] 갑자기, 느닷없이

He suddenly hates me.   그는 갑자기 나를 싫어해.

9

create [kriéit · 크리에일] 창조하다

Creating something is difficult.   무언가 창조하는 것은 어렵다.

9

serious [síəriəs · 씨어리어스] 심각한

We have a serious situation.   우리는 심각한 상황을 가지고 있어.

9

situation [sìtʃuéiʃən · 씨츄에이션] 상황

We have a bad situation.   우리는 나쁜 상황을 가지고 있어.

4
suppose [səpóuz · 써포우즈] 추측하다, 생각하다

I suppose he is dead. 난 그가 죽었다고 생각한다.

10
reason [ríːzn · 뤼-즌] 이유

He hates you with no reason. 그는 이유없이 너를 싫어해.

9
favor [féivər · 페(훼)이붜] 호의, 친절

Would you give me a favor?
호의 좀 주시겠어요? (좀 도와주시겠습니까?)

11
neighbor [néibər · 네이버] 이웃사람

Luckily, I have good neighbors. 운 좋게도 난 좋은 이웃이 많다.

9
cause [kɔ́ːz · 코-즈] 원인, 야기시키다

It is the cause of his death. 이것이 그의 죽음의 원인이다.

9
trouble [trʌ́bl · 추라블] 어려운 문제, 말썽

He is a trouble-maker. 그는 말썽꾼이다.

Exercise Test

I. 다음 빈칸에 알맞은 단어를 넣어 문장을 완성하시오.

1. 그는 **편안한** 의자에 앉았다.

   He sat on a(n) _________ hair.

2. 유머 **감각**은 **성공**에 있어 중요하다.

   A _________ of humor is important in _________.

3. **공해문제**는 **심각**하다.

   The _________ problem is _________.

4. **백만** 달러는 적은 돈이다.

   One _________ dollars is a small amount of money.

5. 5**대호**는 크다.

   The Great _________s are big.

6. 나에게 정보를 **공유한**다고 **약속해**.

   _________ me to _________ information.

7. 하지만, **자연**을 보호해야 한다.

   _________, we should protect _________.

8. 그것에 대해 **설명하겠습니다**.

   Let me _________ about that.

9. 그거 **복사하지** 말 것!

   Don't _________ it!

10. **대신**, 그의 **역할**은 질병을 **통제하는** 것이다.

    _________, his _____ is to _________ _________.

1. advise	•	① 허락하다
2. host	•	② 효과
3. weigh	•	③ 현대적인
4. modern	•	④ 주요한
5. effect	•	⑤ 올리다
6. repeat	•	⑥ 조언하다
7. raise	•	⑦ 의학
8. medicine	•	⑧ 대답하다
9. reply	•	⑨ 창조하다
10. allow	•	⑩ 주인
11. main	•	⑪ 무게가 나가다
12. create	•	⑫ 반복하다

Answer

I.   1. comfortable 2. sense / success 3. pollution / serious 4. million 5. Lake 6. Promise / share
     7. However / nature 8. explain 9. copy 10. Instead / role / control / diseases

II.   1. ⑥ 2. ⑩ 3. ⑪ 4. ③ 5. ② 6. ⑫ 7. ⑤ 8. ⑦ 9. ⑧ 10. ① 11. ④ 12. ⑨

3학년 교과서
6종 이상 출현 단어

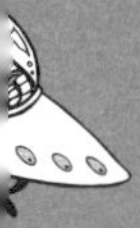

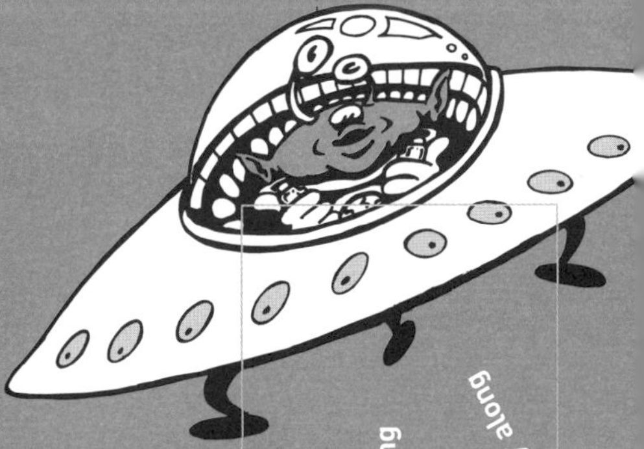

wish machine language heart future even

during decide correct yet upset

rule past lose invent example exam

both believe already along

both believe already along

wood

[wud · 욷] 나무, 목재

This furniture is made of material wood.

이 가구는 원목으로 만들어졌다.

 골프 신동 타이거 우즈는 '호랑이 나무'라고 해석이 되네요.

 be made of는 '~로 만들어지다'라는 의미다. be made from도 같은 뜻인데 of를 쓰는 경우는 재료의 형태가 그대로 남아 있을 때, from을 쓰는 경우는 재료가 화학적으로 변화할 때 쓴다. ex) Wine is made from grapes.

---

truth

[tru:θ · 츠루-쓰] 진실, 사실

Tell me the truth.

나에게 진실을 얘기해봐.

 truth의 반대말은 lie(거짓말; 거짓말하다)이다. lie는 '눕다'라는 동사로도 사용된다는 데 주의한다. '거짓말하다'라는 뜻일 때 lie는 lie-lied-lied의 형태로 변화하고, '눕다'라는 뜻의 lie는 lie-lay-lain의 형태로 변화한다.

---

style

[stail · 스타일] 형식

You got a new hairstyle.

헤어스타일 새로 했네.

---

slip

[slip · 슬맆] 미끄러지다

Be careful not to slip on the floor.

바닥에 미끄러지지 않게 조심해.

---

similar

[símələɾ · 씨밀러] 비슷한

I saw a person similar to you yesterday.

어제 너하고 비슷한 사람을 봤어.

rose

[rouz · 우**로우**즈] 장미

I gave her a bunch of roses as the token of my affection for her.

나는 그녀에 대한 내 애정의 징표로 장미 한 다발을 선사했다.

단순히 '장미'라는 명사일 뿐 아니라 rise(떠오르다)의 과거형이기도 하다.

---

repair

[ripέ**ə**r · 리**페어**] 고치다

It takes much money to repair them.

그것들 고치는 데 돈 많이 든다.

pair는 '쌍'을 의미합니다. a pair of glasses는 안경을 의미합니다. 안경알은 두 개가 한 쌍이 되기 때문입니다. re-pair라는 단어는 '다시 쌍이 되게 하다'라는 뜻이 되어 '고치다'라는 뜻이 되는 듯합니다.

---

realize

[rí:əlàiz · 리**얼라이**즈] 깨닫다

I realized that life is important.

난 생명이 중요하다는 것을 깨달았다.

real은 '현실의'라는 형용사다. 이의 동사형이 realize로 '현실화하다'라는 뜻이고, 이는 곧 '깨닫다'라는 뜻도 된다.

---

prefer

[prifə́:r · 프리**퍼(훠)**] ~을 더 좋아하다

I prefer to live in a big city.

나는 대도시에 사는 것을 선호한다.

pollute

[pəlúːt · 펄루—트] 더럽히다, 오염시키다

The factory polluted this river.

그 공장은 이 강을 오염시켰다.

명사는 pollution으로 '오염'이다. 환경오염은 environmental pollution, 대기오염은 air pollution이다.

offer

[ɔ́ːfər · 어—퍼(훠)] 제공하다

She offered him a single rose.

그녀는 그에게 장미 한 송이를 제공했다.

동의어로는 provide, give가 있다.

nervous

[nə́ːrvəs · 너—붜스] 걱정하는, 긴장하는

Don't get nervous.

걱정하지 마.

여기서 말하는 '걱정'은 부모가 자식에게 하는 걱정이 아니라 중간고사 성적표를 나누어 줄 때와 같이 긴장되어 하는 걱정을 의미합니다. nervous되지 않도록 공부 열심히 합시다.

neck

[nek · 넥] 목

A giraffe has a long neck.

기린은 긴 목이 있다.

넥타이의 '넥'이 바로 '목'입니다. 당연히 넥타이는 목에 매지 팔에 매겠습니까?

7
marry
[mǽri · 매리] 결혼하다

Will you marry me?
나랑 결혼할래?

 연애편지를 쓰면서 청혼할 때 쓸 수 있는 예문이지요. 하지만, 만약 잘 못 써서 marry를 merry로 쓰면 이상한 말이 되겠죠.

7
magic
[mǽdʒik · 매직] 마술

Your propose is like a magic.
너의 청혼은 마술 같아.

 '매직아이'라는 것이 있습니다. 그대로 해석하자면 '마술눈'이지요 마술같이 입체를 보게 되는 눈 정도로 해석될 수 있겠네요.

7
lead
[li:d · 리-드] 이끌다

Please lead my life.
내 인생을 이끌어주세요.

 리더(leader)는 '이끄는 사람'을 의미한다.

7
key
[ki: · 카-] 열쇠, 비결

You are the key to my success.
당신은 내 성공의 열쇠야.

 영화 「매트릭스(the Matrix)」 2편을 보면 열쇠공이 나옵니다. 영어로는 keymaker이지요. 열쇠를 만드는 사람을 의미합니다.

jog
[dʒɑg • 작] 조깅하다

I proposed her while she was jogging.
그녀가 조깅하는 동안에 프로포즈했어.

inventor
[invéntər • 인뺀터] 발명가

Edison was a great inventor.
에디슨은 위대한 발명가다.

 teach하는 사람은 teacher고 invent하는 사람은 inventor다. 단어에 -er, -or이 붙으면 사람이란 뜻이 된다.

impossible
[impásəbl • 임파서를] 불가능한

It is impossible for him to pass the exam.
그가 시험에 합격하는 것은 불가능하다.

 톰크루즈가 나오는 영화 「미션 임파서블」은 '불가능한 임무'로 해석이 됩니다.

huge
[hjuːdʒ • 휴-즈] 큰

They received a huge reward.
그들은 큰 보상을 받았다.

hero
[híərou • 히어로우] 영웅

Hollywood movies focus on heroes.
할리우드 영화는 영웅에 집중한다.

hang

[hæŋ · 행] 걸다, 매달다; 교수형에 처하다

Please don't hang him.

그를 목매달지 마세요.

hang에는 두 가지 뜻이 있다. '걸다, 매달다'와 '교수형에 처하다'가 그것인데 의미에 따라 동사의 변화형이 다르다. 전자의 뜻일 경우 hang-hung-hung이고, 후자의 뜻일 경우 hang-hanged-hanged이다.

---

gun

[gʌn · 건] 총

Queen Elizabeth liked guns.

엘리자베스 여왕은 총을 좋아했습니다.

gunfighter는 '총을 가지고 싸우는 사람' 즉 '총잡이'를 의미한다.

---

ground

[graund · 그롸운드] 땅, 운동장

In a small town, there are a lot of grounds.

시골에는 운동장이 많다.

gound는 땅이고 underground는 '땅(ground)'의 '아래(under)'이므로 '지하'를 의미한다.

---

flour

[flauər · 풀(훌)라우어] 밀가루

Flour and flower have the same pronunciation.

밀가루와 꽃은 같은 발음이다.

밀가루로 꽃을 만들 수는 없는 일인데 어찌 발음이 같은지 이해가 안 갑니다.

fix

[fiks · 픽(휙)스] 고정시키다; 수리하다

They **fixed** my car for free.

그들이 공짜로 내차를 고쳐주었다.

for free는 '공짜로'라는 의미이다. 그런데 우리가 흔히 쓰는 free talking은 잘못된 표현이다. 이때의 free는 어감상 '자유로운'이라는 뜻보다는 '무료의'라는 뜻이 강하기 때문이다. 이때는 open discussion이 더 적당한 표현이다.

finger

[fíŋgər · 핑(휭)거] 손가락

The middle **finger** is used when you swear.

가운데 손가락은 욕할 때 사용된다.

fan

[fǽn · 팬(홴)] 부채; 팬

I am Jun Jihyeon's **fan**.

난 전지현의 팬이야.

exchange

[ikstʃéindʒ · 익스췌인지] 교환하다

Let's **exchange** our books.

우리 책 교환하자.

공항 환전소에 있는 '환전' 표시를 보면 foreign exchange라고 되어 있습니다. 곧이 곧대로 해석하자면 '외국 교환'이라는 뜻이지요. '환전'을 의미합니다.

especially

[ispéʃəli · 이스페셜리] 특히

Especially you are smart.

특히 네가 영리하다.

especially는 specially와 거의 같은 뜻이다. 형용사형은 둘 모두 -ly를 뺀 especial과 special이다.

electric

[iléktrik · 일렉츠릭] 전기의

Mobile phones give off many electric waves.

휴대폰은 많은 전자파를 방출한다.

give off는 '발산하다, 방출하다'라는 의미로 give out이나 emit과 같은 뜻이다. 그 밖에 give가 들어가는 동사구로는 give up(포기하다), give in(굴복하다), give away(거저 주다) 등이 있다.

discover

[diskʌ́vər · 디스카붜] 발견하다

He discovered a new theory.

그는 새 이론을 발견했다.

자연 다큐멘터리를 많이 방영하는 케이블 채널 중에 디스커버리(discovery) 채널이 있습니다. discover의 명사형이 쓰였네요. 우리나라 말로 '발견 채널' 정도가 될 듯합니다.

depend

[dipénd · 디펜드] ~에 달려 있다

The decision depends on her.

그 결정은 그녀에게 달려 있다.

농구에서 디펜스(defense) 파울은 수비하다가 생긴 파울을 의미합니다. 따라서 아래와 같은 재미있는 예문이 만들어집니다.
The defense depends on you. (수비는 너에게 달려 있다.)

cost

[kɔːst · 코–스트] 비용; 비용이 들다

The cost of using this tool is high.

이 도구를 이용하는 비용은 높다.

convenient

[kənvíːnjənt · 컨뷔-니언트] 편리한

Watching it on TV is convenient.
그걸 TV로 보는 것은 편리하다.

우리말의 '편한'이라는 표현은 영어로는 '편리한(convenient)'과 '편안한(comfortable)'으로 반드시 구분하여 얘기해야 합니다.

cloud

[klaud · 클라우드] 구름

There is no cloud in the sky.
하늘에 구름 한 점 없다.

character

[kǽriktər · 캐릭터] 성격, 특징

His character is not understandable.
그의 성격은 이해 못하겠다.

'게임 캐릭터'라고 할 때의 '캐릭터'는 등장인물을 의미합니다. 저는 개인적으로 마법사 캐릭터를 좋아합니다만…

cell

[sel · 쎌] 세포, 작은 방

This is called a dry cell, and that a battery.
이것은 건전지라고 부르고 저것은 배터리라고 부른다.

위 문장에서 and 뒤의 that과 a battery 사이에는 is called가 생략되었다. 영어에서는 이처럼 같은 요소가 반복되면 생략한다.

beauty

[bjúːti · 뷰-리] 아름다움

The beauty of it is inside.
그것의 아름다움은 안에 있다.

만화영화 「미녀와 야수」는 영어로 「Beauty and the Beast」라고 합니다.

arm

7

[ɑːrm · 암] 팔, (복수로 쓰이면) 무기

He has strong arms.
그는 강력한 팔을 가지고 있다.

amount

7

[əmáunt · 어**마운트**] 양, 총계, 총액

The total amount is not what I expected.
전체 총액이 내가 기대했던 것이 아니다.

talent

7

[tǽlənt · **탤런트**] 재능

He has many talents.
그는 많은 재능이 있다.

TV 탤런트는 재능있는 사람들이 합니다.

structure

6

[strʌ́ktʃər · **스트럭처**] 구조

The structure of this building is not stable.
이 빌딩의 구조는 안정적이지 않다.

strike

6

[straik · **스트라익**] 치다

Many small comets strike the Earth.
많은 작은 혜성들이 지구를 강타한다.

야구 용어인 '스트라이크'는 공이 스트라이크 존 안으로 들어온 것을 의미합니다. '스트라이크 존(strike zone)'이란 타자가 '칠 수' 있는 구역을 의미합니다.

snack

[snæk • 스낵] 가벼운 식사

I already had some snacks.
난 이미 가벼운 식사를 했어.

---

skill

[skil • 스키얼] 기술

She has good skills in making friends.
그녀는 친구 사귀는 데 좋은 기술이 있다.

좋은 인간 관계를 가지는 데도 기술이 필요하지요. 물론 이성친구를 꼬시는 데에도 skill이 필요합니다.

---

sentence

[séntəns • 쎈턴스] 문장, 선고

It is quite a long sentence.
이건 꽤 긴 문장이다.

death sentence는 '죽음 + 선고' 즉 '사형'을 의미합니다. 단어 외우는 것은 죽음이지요. 하지만 나중에 영어를 못하게 되면 더 죽음입니다. 열심히 하세요.

---

scene

[si:n • 씬] 장면

In this movie, there are many action scenes.
이 영화엔 많은 액션 신이 있다.

scene은 '장면' 즉 '볼 거리'를 의미합니다. 키스 신, 액션 신 등은 전부 볼 거리들이죠.

quarter

[kwɔ́ːrtər • 쿼러] 4분의 1, (시간) 15분

It is a quarter to one.

1시 15분 전이야.

우리나라에는 100원짜리와 500원짜리 동전이 있는데 미국에는 우리나라 식으로 치면 250원짜리 동전이 있습니다. 1달러의 1/4, 즉 25센트짜리로서 quarter라는 이름이 붙은 동전이 있지요.

price

[prais • 프롸이스] 값

The price of this jewel is low.

이 보석 가격은 낮다.

이마트에 가보면 "Everyday low price"라는 광고 문구가 있습니다. "매일매일 낮은 가격"이라고 해석이 되네요.

prevent

[privént • 프리뷀트] 방해하다, 막다

It will prevent your hunger.

이것이 너의 배고픔을 막아줄 것이다.

poem

[póuəm • 포우임] 시

He usually writes poems in his free time.

그는 여가시간에 대개 시를 쓴다.

이번 기회에 확실하게 헷갈리는 단어인 poem과 poetry, poet의 차이를 익히자. poem은 '한편의 시'라고 할 때의 '시'다. poetry는 문학 형식으로서의 '시' 즉 산문이 아닌 시를 의미하는 '시'이다. poet은 '시인'이다.

physical
[fízikəl · 피(휘)지컬] 물질의, 육체의

Physical education should be required in school.
학교에서 체육이 필수가 되어야 한다.

반대말은 mental이고 physics는 '물리학'을 의미한다.

mention
[ménʃən · 멘션] 언급하다

They mentioned his success.
그들은 그의 성공을 언급했다.

누군가 고맙다고 "Thank you"라고 하면 "Don't mention it"이라고 답을 하게 됩니다. 직역하자면 '그런 말 언급하지 마' 정도가 될 것입니다.

memory
[méməri · 메머리] 기억(력), 추억

I have bad memories about this.
난 이것에 관한 안 좋은 기억이 있습니다.

컴퓨터의 기억장치를 메모리라고 하지요. 영어 단어가 안 외워질 때는 생각 같아선 머릿속에 256메가짜리 메모리 카드라도 하나 달았으면 하는 바람을 가진 적 있으신지요? 저는 16메가짜리라도 달아볼까 생각해 본 적도 있습니다.

lift
[lift · 을리프(흐)트] 들어올리다

They lifted the weight.
그들이 바벨을 들었다.

스키장에서는 리프트가 사람을 산 위로 lift(올리다)하죠.

6
lie
[lai • 을라이] 거짓말(하다)

They lied to me.

그들이 내게 거짓말했다.

'거짓말쟁이'는 liar라고 한다. 철자에 주의!

6
law
[lɔː • 을로ー] 법

It is against the copyright law.

이것은 저작권법에 어긋난다.

lawyer는 '변호사'다. law에 사람을 뜻하는 −er이 붙은 형태인데 철자에 주의해야 한다.

6
include
[inklúːd • 인클루ー드] 포함시키다

They included the copyright law.

그들은 저작권법을 포함시켰다.

in−은 '내부'를 의미한다. 따라서 include는 '포함하다'이고, '밖으로'라는 뜻의 접두사 가 붙은 exclude는 '배제하다'라는 뜻이다.

6
improve
[imprúːv • 임프루ー브] 향상시키다, 증진[개선]하다

The quality of our society would be improved.

사회의 질이 개선될 것이다.

6
hole
[houl • 호울] 구멍

This hole is quite deep.

이 구멍은 꽤 깊다.

골프에서 홀인원(hole in one)이란 것이 있습니다. 한 번에 구멍(hole)에 집 어 넣는 것을 의미합니다. 여러분도 단어를 단번에 외우시기 바랍니다.

⁶
handsome

[hǽnsəm • 핸썸] 잘생긴

I am not handsome, but not ugly.
나는 잘생기진 않았지만 추하지도 않다.

handsome의 hand는 '손'이고, 이 단어의 원래 뜻은 '(손으로) 다루기 쉬운'이라는 뜻입니다. 그것이 사람을 꾸미는 형용사가 되면서 의미가 바뀌어 '잘생긴'이라는 뜻이 되었지요.

---

⁶
electricity

[ilektrísəti • 일렉트리씨디] 전기

Edison invented electricity.
에디슨이 전기를 발명했다.

예전에 한참 영어에 미쳐서 단어를 외울 때에 지나가는 전봇대를 보고 '전봇대는 영어로 뭘까' 하고 생각한 적이 있습니다. 전봇대는 영어로 뭘까요? 여기서 그 답을 하는 것보다는 여러분들께서 직접 인터넷 혹은 한영사전을 통해서 알아 보시면 기억에 더 오래 남을 것입니다.

---

⁶
dictionary

[díkʃənèri • 딕셔너리] 사전

Michael looked for the dictionary.
마이클은 사전을 찾았다.

dict는 '서술하다'의 뜻이다. predict는 'pre-(미리) + dict(말하다)'라는 의미에서 '예측하다'라는 뜻이 된다. dictionary는 '용어의 정의를 서술하는 것' 즉 '사전'을 의미한다.

---

⁶
custom

[kʌ́stəm • 카스텀] 관습

The Korean customs are different from others'.
한국 관습은 다른 나라 관습과는 다르다.

customs는 '세관'이라는 의미로도 쓰인다.

communication

[kəmjùːnikéiʃən · 커뮤니케이션] 의사소통

The communication here is impossible.

여기서의 의사소통은 불가능하다.

LG텔레콤(LG Telecom)이라는 회사가 있습니다. LG에서 하는 통신업체지요. 이때의 telecom은 telecommunication을 줄인 말로 tele-는 '먼 거리'를 뜻합니다. television은 먼 데서도 볼 수 있게 하는 기계지요. 그래서 telecommunication은 '원거리통신'으로 해석됩니다.

clone

[kloun · 클로운] 복제 생물

Human cloning is illegal.

인간 복제는 불법이다.

case

[keis · 케이스] 사건, 경우

In this case, I cannot do anything at all.

이 경우에 나는 아무것도 할 수 없다.

breathe

[briːð · 브리-드] 숨 쉬다

He breathed the fresh air.

그는 신선한 공기를 마셨다.

명사형은 breath이다.

brave

[breiv · 브레이브] 용감한

A brave young man rescued her.

한 용감한 젊은 남자가 그녀를 구했다.

반대말인 '겁쟁이'라는 표현은 '닭'을 씁니다. 즉 "He is a chicken"이라고 하면 "그는 겁쟁이야" 정도의 표현이 됩니다. 그리고 chicken은 동사의 뜻으로도 쓰이는데 "그는 꽁무니를 뺐다"라고 하면 He chickened out입니다.

board

[bɔːrd • 보얻] 판자; (비행기 등에) 탑승하다, 타다

I lost my boarding pass.

나 탑승권을 잃어 버렸어.

예문에서도 보듯이 boarding pass는 '비행기표'다. 정확히는 '탑승권' 정도가 된다.

---

beat

[biːt • 비-트] 치다, 이기다

No one can beat him.

아무도 그를 이길 수 없다.

비트(beat)가 강한 음악이라는 것은 치고 두드리는 것이 강한 음악을 의미합니다. 비트가 강한 음악을 들으면서 그 리듬에 맞추어 단어를 외우는 것도 한번 시도해보세요.

---

bath

[bæθ • 배쓰] 목욕

He takes a bath once a year.

그는 일 년에 한 번 목욕한다.

bathe(목욕하다)라는 동사가 있지만, 실제로 동사형으로는 take a bath라는 표현을 더 많이 쓰는 듯하다.

---

appear

[əpíər • 어피어] 나타나다

He appeared from nowhere.

그는 갑자기 나타났다.

appear의 반대말은 disappear(사라지다)다.

adult
⁶

[ədʌ́lt · 어덜트] 어른

She became an adult through this ceremony.
그녀는 이 의식을 통해서 성인이 되었다.

성인 사이트를 the sites for adults only 정도로 표현할 수 있습니다. 절대로 가서는 안 되는 사이트지요.

---

according
⁶

[əkɔ́ːrdiŋ · 어코어링] ~에 따라, ~에 의하여

According to an article, he is dead.
기사에 의하면 그는 죽었다.

'according to + 명사'의 형태를 취하는 표현이다.

---

polite
⁶

[pəláit · 폴라잍] 공손한

He became polite.
그는 공손하게 되었다.

---

fool
⁶

[fuːl · 풀(훌)] 바보

Don't act like a fool.
바보처럼 굴지 마.

4월 1일은 만우절이지요. 그날 거짓말에 속는 사람을 April Fool(4월의 바보)이라고 합니다.

---

express
⁶

[iksprés · 익스프레스] 표현하다

He could not express the feelings.
그는 그러한 느낌들을 표현할 수 없었다.

한 문장 암기로 단어 깡그리 외우기

The electronic company doubted his personal gesture.

그 전자회사는 그의 개인적 몸짓을 의심했다.

7

electronic [ilektránik · 일렉츠롸닉] 전자의

He majored in **electronic** engineering in college.
그는 대학에서 전자공학을 전공했다.

7

company [kʌ́mpəni · 캄퍼니] 회사

The **company** is not mine. 그 회사는 내 것이 아니야.

6

doubt [daut · 다웉] 의심하다

He **doubted** his son. 그는 그의 아들을 의심했다.

6

personal [pə́:rsənl · 퍼스널] 개인의

Can I use your **personal** computer?
네 PC(개인 컴퓨터) 좀 쓸 수 있니?

6

gesture [dʒéstʃər · 제스처] 몸짓, 손짓

These **gestures** are against his will.
이러한 제스쳐들이 그의 의지와는 반대이다.

The tourist appreciated the giant wolfs, and accepted the amazing noise.

그 관광객은 거대한 늑대들을 고마워했고, 이런 놀라운 소음을 받아들였다.

6

tourist [túərist · 투어리스트] 관광객

They welcomed the **tourists**. 그들은 그 관광객들을 환영했다.

6

appreciate [əprí:ʃièit · 어프리쉬에잍] 감사하다

He **appreciated** my kindness. 그는 나의 친절에 감사했다.

7

giant [dʒáiənt · 자이언트] 거인, 거대한

This movie is about **giant** dinosaurs.
이 영화는 거대한 공룡에 관한 것이다.

6

wolf [wulf · 울프(흐)] 늑대

The **wolf** is actually smarter than the fox.
늑대가 여우보다 사실 더 영리하다.

6

accept [æksépt · 익쎕트] ~을 받아들이다

He **accepted** my proposal. 그는 나의 제안을 받아들였다.

6

amaze [əméiz · 어메이즈] 깜짝 놀라게 하다

I was **amazed**. 깜짝 놀랐다.

7

noise [nɔiz · 노이즈] 소음

Also, the factory created much **noise**.
또한 그 공장은 많은 소음도 만들어냈다.

The slave developed his fantastic balancing skill and gathered business people.

그 노예는 자신의 환상적인 균형잡기 기술을 개발했고 사업가를 모았다.

6

slave [sleiv · 슬레이브] 노예

I am not your slave! 난 너의 노예가 아니야!

7

develop [divéləp · 디뻴럲] 개발하다, 발전시키다

They developed a new machine. 그들은 새로운 기계를 개발했다.

6

fantastic [fæntǽstik · 팬(홴)태스틱] 환상적인

What they did is fantastic. 그들이 한 것은 환상적이다.

6

balance
[bǽləns · 밸런스] 균형

Separation of the three powers pursues checks and balances.
삼권분립은 견제와 균형을 추구한다.

6

gather [gǽðər · 개더] 모으다, 모이다

They gathered the results. 그들은 결과물들을 모았다.

7

business [bíznis · 비즈니스] 사업

He engages in the business of education. 그는 교육사업에 종사한다.

for good
좋아서 가냐고?

민기는 미국에서 학교를 다니던 중 이사를 가게 되어 다른 학교로 전학을 했다. 빌에게 이사를 간다고 하자 이렇게 말하는 거였다.

Are you going **for good**?

Are you going까지는 알겠는데, 그 다음 말이 무슨 뜻인지 아리송했다. 좋은 일로 이사를 가는 거냐는 말인지, 이사 가서 좋으냐는 말인지, 그도 아니면 네가 이사를 가서 좋다는 말인지 몰라 온갖 상상을 다했다. 집에 돌아와 사전을 펼쳐 보고서야 **for good**이 **'영영, 아주'**라는 뜻인 걸 알아차리고 무릎을 쳤다.
"좋은 일로 가는 거니?" 라고 물었다면 「Are you going for a good reason?」이라고 표현했을 것이다.

출처 : 「한국인이 가장 오해하기 쉬운 현지영어표현」(최정화 지음)

I. 다음 빈칸에 알맞은 단어를 넣어 문장을 완성하시오.

1. 도움 고맙습니다.

   I _________ your help.

2. 아무도 그를 **이길** 수 없다.

   No one can _________ him.

3. **어른** 앞에선 **공손해야** 한다.

   You should be _________ in front of a(n) _________.

4. **의심할** 여지가 없다.

   There is no _________ about it.

5. 그는 **편리한** 도구를 가지고 있다.

   He has a(n) _________ tool.

6. **특히나** 그들의 **관습**은 우리 것과 비슷하다.

   _________, their _________ are _________ to ours.

7. 난 나의 의견을 **표현할** 줄 안다.

   I know how to _________ my opinions.

8. 그것을 **받아**들이겠습니다.

   Let me _________ that.

9. 그와 **결혼하지** 마!

   Don't _________ him!

10. 이 거대한 구조물은 많은 것을 포함합니다.

    This _________ _________ _________ many things.

II. 다음의 영어와 우리말 뜻을 바르게 연결하시오.

1. slave	•	① 발견하다
2. develop	•	② 시
3. business	•	③ 전기
4. personal	•	④ 무기
5. brave	•	⑤ 노예
6. breathe	•	⑥ 발전하다
7. electricity	•	⑦ 언급하다
8. mention	•	⑧ 숨쉬다
9. poem	•	⑨ 막다
10. prevent	•	⑩ 개인적인
11. arms	•	⑪ 용감한
12. discover	•	⑫ 사업

Answer

I. 1. appreciate 2. beat 3. polite / adult 4. doubt 5. convenient 6. Especially / customs / similar
7. express 8. accept 9. marry 10. huge / structure / includes

II. 1.⑤ 2.⑥ 3.⑫ 4.⑩ 5.⑪ 6.⑧ 7.③ 8.⑦ 9.② 10.⑨ 11.④ 12.①

3학년 교과서 4종 이상 출현 단어 1

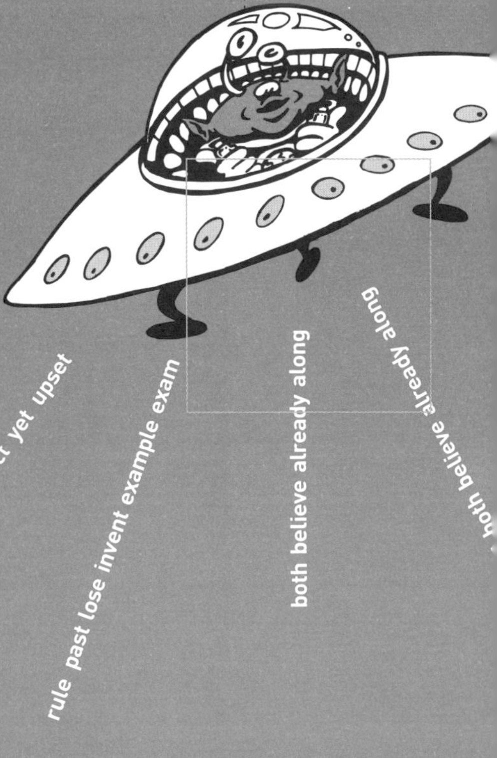

5
technology

[teknálədʒi · 테크**날러**지] 기술

Modern technologies are very helpful.

현대 기술은 아주 유익하다.

technique은 '기교' 정도의 의미입니다. '기술'이라는 표현을 하려면 technology라고 해야 하지요.

5
wave

[weiv · 웨이브] 파도; 손을 흔들다

He could not wave his hand.

그는 손을 흔들 수 없었다.

웨이브춤을 출 때는 잘 춰야 합니다. 잘못하다가는 댄싱킹[퀸]이 아니라 나무토막이라는 별명을 얻을 수 있습니다.

5
vase

[veis · 붸이스] 꽃병

This vase is fragile.

이 꽃병은 깨지기 쉽다.

야구에서의 1, 2, 3루는 영어로 first base, second base, third base라고 합니다. 이때의 base와 꽃병의vase는 철자를 서로 조심하여야 합니다. 잘못하다가는 1, 2, 3루가 아니라 첫째, 둘째, 셋째 꽃병이라는 표현이 되니까요.

5
valuable

[vǽljuəbl · 뷀류어블] 값진

But this vase is not valuable.

하지만 이 꽃병은 값지지 않다.

valuable의 명사형은 value다. 그리고 valueless와 worthless는 '가치가 없는, 하찮은'이라는 뜻인데, priceless는 '(값을 매길 수 없을 정도로) 아주 귀중한'이라는 뜻이다.

trick

[trik • 추릭] 장난(치다); 속임수

Don't try any tricks.

속임수 쓰지마.

---

transportation

[trǽnspərtéiʃən • 추랜스포어테이션] 교통수단

What transportation will you use?

어떤 교통수단을 이용할 거지?

 trans-는 '바꾸다'는 뜻이다. 트랜스젠더(transgender)는 성(性)을 바꾼 것을 의미한다. port는 '항구'를 의미하므로, transportation은 '항구를 바꾸는 것'을 뜻하고, 그것이 이루어진다는 것은 '운송'을 의미한다.

---

thought

[θɔːt • 쏘-트] 생각; think의 과거(분사)형

This is not his thought.

이는 그의 생각이 아니다.

 thought은 think의 과거형으로 쓰이기도 하지만, think의 명사형으로도 쓰입니다. 즉 '생각'이라는 명사로도 쓰이죠.

---

succeed

[səksíːd • 썩씨-드] 성공하다

He will never succeed.

그는 절대 성공 못한다.

 단어에 이미 -ed가 들어 있기 때문에 succeed를 과거형으로 착각하는 경우가 많다. 과거형은 succeeded고 명사형은 success이다.

stress

[stres • 스트뢔스] 긴장, 강세

People in the modern society have a lot of stress.
현대사회의 사람들은 스트레스가 많다.

계속 한 가지에 강세를 두면 당하는 대상은 스트레스를 받게 되지요.

---

stick

[stik • 스틱] 막대기; 고수하다

He sticks to his own way of living.
그는 그 자신의 삶의 방식을 고수한다.

조이스틱(joystick)은 즐거움(joy)과 막대기(stick)가 합쳐진 단어입니다. 즉, 즐거운 막대기지요.

---

state

[steit • 스테일] 상태, (미국의) 주

Vermont is a beautiful state.
버몬트는 아름다운 주다.

뉴욕에는 뉴욕 주가 있고 뉴욕 시가 있습니다. 뉴욕 주는 시골틱하지요. 반면에 뉴욕 시는 현존하는 최고의 도시입니다. 이 둘은 구분되어야 하고, 영어로 New York State(뉴욕 주)와 New York City(뉴욕 시)로 구분합니다.

---

speed

[spi:d • 스피-드] 속력

Don't speed up.
속력 내지 마.

5 smooth

[smuːð • 스무드] 매끄러운

The skin of this animal is smooth.
이 동물의 피부는 매끄럽다.

반대말은 tough(거친)다.

---

5 sink

[siŋk • 씽크] 가라앉다

The ship sank in the middle of the sea.
그 배는 바다 한 가운데에서 가라앉았다.

sink는 불규칙 동사이다. 변화형은 sink-sank-sunken이다.

---

5 shock

[ʃɑk • 샥] 충격(을 주다)

This book shocked me.
이 책은 나에게 충격을 주었다.

---

5 shell

[ʃel • 쉘] 껍질

An oyster has a hard, rough shell.
굴은 딱딱하고 거친 껍질을 가지고 있다.

발음 연습하는 문장 중에 다음과 같은 것이 있습니다. She sells seashells by the seashore. (그녀는 바닷가에서 조개를 판다.)

---

5 rush

[rʌʃ • 뤄쉬] 돌진하다

They rushed to the mine.
그들은 광산으로 돌진했다.

출퇴근길 차 막히는 시간을 '러시아워(rush hour)'라고 합니다. 직역하자면 '돌진하는 시간대' 정도가 되겠네요.

rude

[ruːd · 우루-드] 무례한

They are too rude.

그들은 너무 무례하다.

rude의 반대말은 polite(공손한)이다.

---

rope

[roup · 우로웊] 줄

Please tighten the rope.

로프를 단단하게 매라.

---

public

[pʌ́blik · 퍼블릭] 공공의

They call him a public enemy.

사람들은 그를 공공의 적이라고 불렀다.

public의 반대말은 private(사적인)이다. 그리고 call 뒤에 명사 두 개가 이어지므로 두 개의 목적어를 취하는 4형식 동사라고 생각하기 쉬운데 call은 5형식 동사다. him 뒤의 명사는 목적어가 아니라 목적보어다. name도 이런 류의 동사인데 두 명사가 서로 동일인(동일물)을 지칭하는 경우 5형식이라고 보면 된다.

---

product

[prádʌkt · 프라닥트] 제품

This is a new product.

이것은 새 제품이다.

---

pound

[paund · 파운드] 파운드(무게, 화폐 단위)

He weighs 300 pounds.

그는 몸무게가 300파운드다.

우리나라에서는 kilogram을 쓰지만 미국에서는 pound라는 무게 단위를 쓴니다.

population

[pàpjuléiʃən · 파퓰레이션] 인구

The population of Seoul is on the increase.

서울의 인구는 증가중이다.

popular(대중적인)라는 단어에서 나온 말입니다.

---

per

[pər · 퍼어] ~당, ~마다

How much money do you make per month?

한 달에 얼마 버세요?

per는 percent에서의 per입니다. 즉 '퍼센트'는 '센트마다'라는 뜻이고, '센트'는 100을 의미합니다. 100센트가 1달러니까요.

---

pasta

[páːstə · 파스터] 밀가루 반죽(의 요리)

I like cheese pasta.

나는 치즈 파스타를 좋아해.

여러분은 피자를 좋아하시는지, 파스타를 좋아하시는지?

---

pack

[pæk · 팩] 꾸러미, 짐; 싸다, 포장하다

Would you pack it?

그거 싸 주시겠어요?

패키지(package) 관광 상품이 있습니다. 잘 포장된 물건처럼 관광 코스별로 차량이니 숙소를 미리 정해주고 가이드가 지시하는 대로 따라 다니기만 하면 되는 상품을 의미합니다. 단어 외우는 데 있어 패키지 관광상품처럼 이 책에서 지시하는 대로 따라하기만 하면 많은 단어를 외우실 수 있을 겁니다.

nor

[nɔːr • 노어] (부정문) ~도 … 않다

I don't like you nor him.
난 너도 싫고 그도 싫다.

medical

[médikəl • 메리클] 의학의

The medical development has increased the lifespan.
의학 발전은 수명을 증대시켜왔다.

영어로는 '박사'도 doctor라고 하고 '의사'도 doctor라고 합니다. 그럼 이 둘의 구분은 어떻게 할까요? 의사의 경우 medical doctor라고 하면 구분이 됩니다. 약자로 MD라고도 하지요.

master

[mǽstər • 매스터] 주인; 마스터하다

I mastered English by reading this book.
난 이 책을 읽음으로써 영어를 마스터했다.

영어는 어떻게 해야 마스터할 수 있을까요? 이 책부터 열심히 보세요.

manage

[mǽnidʒ • 매니쥐] 관리하다, 처리하다

Managing a factory is not easy.
공장을 관리하는 것은 쉽지 않다.

매니저(manager)는 스타의 스케줄 등을 관리하는 사람입니다.

⁵
low

[lou · 을로우] 낮은

The price of gas here is low.
여기 휘발유 가격은 낮다.

로하이 참치라는 것이 있습니다. 지방은 낮고(low), 단백질은 높은 (high) 참치를 의미합니다.

⁵
level

[lévəl · 을**레블**] 높이, 수준

He proceeds to the high-level course.
그는 상위 레벨 코스로 올라갔다.

게임에서 여러 판을 깨면 게임의 난이도, 즉 수준(level)이 높아집니다 (up). 이를 level-up이라고 합니다.

⁵
knock

[nɑk · **낙**] 두드리다

Knocking the door is polite.
문을 두드리는 것은 공손하다.

우리나라 말로는 노크하는 소리는 '똑똑'이라고 합니다. 하지만 미 국에선 '낙크낙크'라고 합니다. 그래서 흔히들 '노크소리'라고들 하 지요.

⁵
interview

[íntərvjù: · **이너뷰**] 면접(하다)

I have an interview this morning.
오늘 아침에 면접 있어.

연예인들의 인터뷰는 기자와 하는 것이고, 대학 졸업하고 하는 인터뷰 는 면접시험을 의미합니다.

⁵
independence

[ìndipéndəns · 인디펜던스] 독립

The 4th of July is the Independence Day.
7월 4일은 독립기념일이다.

'인디 문화'라고 할 때의 '인디'는 인디언이 아니라 바로 indepen-dence의 inde입니다. 어떤 특정 장르에 속하지 않은 '독립' 문화라는 뜻이겠지요.

반대말은 앞의 in-이 빠진 dependence(의존)이다.

---

⁵
impress

[imprés · 임프레스] 감명을 주다

Don't try to impress me.
나에게 감명주려고 애쓰지 마.

---

⁵
honesty

[ánisti · 아니스티] 정직

Honesty is the best policy.
정직이 최고의 정책이다. (속담)

---

⁵
handle

[hǽndl · 핸들] 다루다

Handling the player is hard.
그 선수를 다루기가 어렵다.

운전대를 흔히 핸들이라고 하는데, 차량용어로서의 핸들(handle)은 차의 문 손잡이를 의미합니다. 운전대는 steering wheel이라고 합니다.

---

⁵
god

[gɑd · 갇] 신

Oh, my God!
오 마이 갓!

gentle

[dʒéntle · **젠틀**] 부드러운, 상냥한

He was very gentle and polite.

그는 매우 상냥하고 예의발랐다.

젠틀맨(gentlemen)은 직역을 하자면 '부드러운 남자'가 됩니다.

frighten

[fráitn · **프(흐)라잍은**] 놀라게 하다

Don't frighten a sleeping dog.

잠자는 개를 놀라게 하지 마라.

frighten의 명사는 fright(공포)다. 명사에 −en이 붙어서 동사가 되었다.

friendship

[fréndʃip · **프(흐)렌쉽**] 우정

Friendship could be broken.

우정은 깨어질 수 있다.

단어 뒤에 −ship이 붙으면 같은 배를 탔다는 의미라서 그런지는 몰라도 무언가 돈독함을 의미한다. relation은 '관계'라는 뜻이나 relationship이 되면 무언가 친밀한 관계를 의미한다.

flood

[flʌd · **플(훌)럳**] 홍수

The flood devastated the village.

홍수가 마을을 황폐화시켰다.

flat

[flæt · 플(훌)랱] 평평한

I had a flat tire this evening.
오늘 저녁에 펑크났어.

타이어 펑크난 것을 영어로 have a flat tire라고 표현한다. 직역하자면 '평평한 타이어
를 갖고 있다'는 뜻이다.

fit

[fit · 핕(휱)] 꼭 맞다

The clothes don't fit me.
그 옷은 나에게 맞지 않다.

file

[fail · 파(화)일] 서류철, (컴퓨터) 파일

Do not delete the file.
그 파일 지우지 마.

false

[fɔːls · 포(훌)스] 그릇된, 거짓의, 틀린

Is this true or false?
이거 참일까 거짓일까?

true의 뜻은 잘 알고들 있으나 그것의 반대말인 이 단어를 모르시는 분들이 가끔 있습
니다.

elevator

[éləvèitər · 엘러붸이러] 엘리베이터

Don't take the elevator.
엘리베이터 타지 마.

⁵
edge

[edʒ • 에쥐] 가장자리, 끝, 테두리

The edge of this table is round.

이 테이블의 끝은 둥글다.

탁구 용어 중에 '에지'라는 것이 있습니다. 공이 탁구대의 모서리에 맞아서 예측불허의 방향으로 튀어나가는 것을 '에지'라고 하지요.

---

⁵
dislike

[disláik • 디스라익] 싫어하다

Who may dislike him?

누가 그를 싫어할 수 있는가?

like의 반대말이다. 마찬가지로 honesty(정직)의 반대말은 dishonesty(부정직)다. dis−는 반대말을 만드는 접두사이다.

---

⁵
difficulty

[dífikʌ̀lti • 디피(휘)컬티] 어려움

He had some difficulty in developing socially.

그는 사회적으로 발달하는 데 있어 어려움이 있었다.

---

⁵
design

[dizáin • 디자인] 설계(하다)

This car is designed for the disabled.

이 차는 장애인들을 위해 설계되었다.

---

⁵
desert

[dézərt • 데저트] 사막

An example of dessert insects is the scorpion.

사막 곤충의 한 예는 전갈이다.

이라크 전쟁의 작전명 중에 '사막의 폭풍'이란 것이 있는데 영어로는 desert storm이라고 하지요. deesert[dizə́:rt](후식)와 헷갈리지 마세요.

death

[deθ · 데쓰] 죽음

He is wearing the mask of death.

그는 죽음의 가면을 쓰고 있다.

얼마 전까지 축구에서 연장전은 서든데스(sudden death) 방식을 취했습니다. '갑작스러운 죽음'이라고 직역되는데, 경기가 순식간에 끝난다는 뜻이겠지요.

---

connect

[kənékt · 커넥트] 연결하다, 접속하다

It is impossible to connect to the Internet here.

여기서 인터넷 연결하는 것은 불가능하다.

---

congratulation

[kəngrǽtʃuléiʃən · 컨그래츌레이션] 축하

Congratulations on your promotion!

승진 축하해!

'생일 축하한다'고 할 때 이 단어를 쓰는 경우가 있는데 적절하지 않는 쓰임입니다. 승진이나 성공 등 노력을 기울여 얻어진 결과에 대해서만 이 단어를 씁니다. 그래서 생일을 축하할 때는 대개 Happy birthday to you!라고 하지요.

---

condition

[kəndíʃən · 컨디션] 조건, 상태

It was an unbalanced condition.

그것은 균형이 안 맞는 조건이었다.

콘디션 조절에 실패한다고 할 때는 자신의 '상태' 조절에 실패했다는 얘기죠.

complain

[kəmpléin · 컴플레인] 불평하다

But we could not complain anything at all.
하지만 우리는 그 어떤 것에도 불평할 수 없었다.

고객으로부터 받는 것이 complaint입니다. 동사 complain에 -t가 붙은 형태지요.

---

challenge

[tʃǽlindʒ · 챌린지] 도전; 도전하다

It was a challenging mission.
그것은 도전적인[힘든] 임무였다.

---

calm

[kɑːm · 카엄] 고요한

Korea is called a nation of a calm morning.
한국은 고요한 아침의 나라라고 불린다.

calm에서 l은 발음을 하지 않는 묵음이다.

---

calendar

[kǽləndər · 캘린더] 달력

Tomorrow is the New Year's Day in the lunar calendar.
내일은 음력으로 설날이다.

---

breath

[breθ · 브레쓰] 호흡

Take a deep breath.
숨을 깊게 쉬어봐.

입냄새는 영어로 bad breath라고 합니다.

bite

[bait · 바잍] 물다

The dog tried to bite him.

그 개는 그를 물려고 했다.

---

bill

[bil · 비얼] 계산서

I asked the bill.

나는 계산서를 요구했다.

전기요금 청구서이건 식당에서의 계산서이건 이 단어를 씁니다.

---

bend

[bend · 벤드] 구부리다, 굽히다

He did not like to bend his back.

그는 등을 구부리는 것을 좋아하지 않았다.

---

belt

[belt · 벨트] 벨트

Fasten your seat belt!

안전벨트를 단단히 매!

안전벨트에서의 밸트입니다. 우리나라 말로는 '안전띠'라고 할 때의 '띠'지요.

---

bee

[biː · 비–] 벌, 꿀벌

They keep bees.

그들은 꿀벌을 친다.

가수 '비'가 있습니다. 벌이 침을 쏠 때처럼 날렵한 춤을 추더군요.

bark
[bɑːrk • 바어크] 짖다

Barking dogs seldom bite.
짖는 개는 잘 안 문다.

개가 짖을 때 미국서는 '발크발크' 하나 봅니다. 정확하게는 bow wow 한다고 합니다만…

balloon
[bəlúːn • 벌룬–] 풍선, 기구

There are balloons in comic books.
만화책에는 풍선 모양이 있다.

article
[áːrtikl • 아어리클] 기사

This article is not true.
이 기사는 사실이 아니다.

army
[áːrmi • 아어미] 군대

I served in the army for 3 years.
나는 3년간 군대에서 복무했다.

arm은 '팔'이라는 뜻이고 arms는 '무기'라는 뜻입니다. 자고로 팔뚝이 무기였고, 팔뚝 굵은 사람들이 군인이 되었나 봅니다.

ancient
[éinʃənt • 에인션트] 고대의

In ancient times, a man could marry several women.
고대시대에는 한 남자가 여러 여자와 결혼할 수 있었다.

alive

[əláiv • **얼라이브**] 살아 있는

And they could be alive.
그리고 그들은 살아 있을 수 있었다.

---

alarm

[əlá:*r*m • **얼람**] 경보, 경계; 경보를 울리다

But in a modern society, it is alarming.
하지만 현대사회에서는 이는 경계가 된다.

자명종을 알람시계라고 하지요. 아침에 일어나라고 '경보'해주는 시계라고 해석이 되네요.

---

affect

[əfékt • **어펙(훽)트**] …에 영향을 끼치다

It affected the Korean society also.
이는 한국사회에도 영향을 끼쳤다.

---

advance

[ædvǽns • **애드뺀스**] 전진하다, 진보하다

The marriage system should be advanced.
결혼 시스템이 진보되어야 한다.

회화반은 보통 beginning반, intermediate반 그리고 마지막으로 advanced반으로 나누어져 있습니다. 기초반, 중급반, 고급반입니다.

---

addition

[ədíʃən • **어디션**] 추가

In addition, it is illegal.
게다가 그것은 불법이다.

addition은 add(추가하다, 덧붙이다)의 명사형이다. 동사에 명사형 접미사 −tion이 붙은 형태다.

actually

[ǽktʃuəli · 액츄얼리] 실제로

Actually, it is almost impossible.
실제로 그것은 거의 불가능하다.

active

[ǽktiv · 액티브] 활동적인

He is a very active person.
그는 매우 활동적인 사람이다.

 act는 '행동하다'라는 동사이고 이의 형용사형은 active(활동적인)이다. actively라고 하면 '활동적으로'라는 부사가 된다. 또한 actual이라고 하면 '실제적인'이라는 형용사이고 이의 부사형이 actually다.

worth

[wəːrθ · 워-쓰] 가치가 있는

This jewel is worth $500.
이 보석은 500달러의 가치가 있다.

wisdom

[wízdəm · 위즈덤] 지혜

The wisdom is the key to success.
지혜는 성공의 열쇠다.

wide

[waid · 와이드] (폭이) 넓은; 넓게

The window was wide open.
창문이 활짝 열려 있었다.

 와이드(wide) TV는 폭이 넓은 TV지요. 저희 집에도 하나 있습니다. 히히.

whatever

[*h*watévər • 와레붜] 아무리 ~라도

I will love you whatever you do.
네가 뭐를 하건 널 사랑해.

---

weed

[wiːd • 위ː드] 잡초

I will love you like weed.
잡초처럼 너를 사랑할 거야.

---

weapon

[wépən • 웨펀] 무기

He is one of the best weapons specialists.
그는 최고의 무기 전문가 중 한 명이다.

 액션 영화에 자주 쓰이는 단어지요. 멜깁슨의 「레셀웨폰(Lethal Weapon)」은 "치명적 무기"지요.

---

unless

[ənlés • 언레스] 만일 ~이 아니면

I will not bring my umbrella unless it rains.
비가 오지 않는다면 우산 안 가져갈 거야.

 unless는 if ~ not을 한 단어로 표현 한 것이다.

---

university

[jùːnəvə́ːrsəti • 유니붜씨디] (종합)대학

I went to university.
난 대학에 다녔다.

What's cooking?
무슨 요리를 하느냐고?

기숙사 고참인 지연은 어느 날 옷 정리를 하면서 새로 산 옷도 입어보고, 헌 옷들 가운데 처분할 것들도 고르고 하면서 시간을 보내고 있는데, 옆방 친구 웬디가 놀러 왔다. 웬디는 문을 열고 들어서면서 대뜸 이렇게 말했다.

What's cooking?

무슨 요리를 하느냐고? 지연은 평소 김치 냄새를 싫어했던 웬디가 또 냄새 타령을 하러 들어온 줄 알고 「No, I'm not cooking anything.」(아무 요리도 안 해) 하고 대답했다. 이쯤 되면 동문서답의 극치다. 지연은 **What's cooking?**이 **"무슨 재미있는 일이라도 있니?"**라는 뜻인 줄 미처 몰랐던 거다.
만약 "무슨 요리를 하고 있니?"라고 물을 요량이었다면 「What are you cooking?」이라고 표현했을 것이다.

출처 : 「한국인이 가장 오해하기 쉬운 현지영어표현」(최정화 지음)

The purpose of this experiment is indeed to recognize the exact number of the necessary shining insects.

이 실험의 목적은 정말 필요한 빛을 내는 곤충의 정확한 수를 인식하기 위함이다.

5

purpose [pə́ːrpəs · 퍼어퍼스] 목적

I did it on purpose. 난 그걸 고의로 했다.

on purpose는 숙어로 '고의로'라는 뜻이다. 또 for the purpose of는 '〜를 하기 위하여'라는 뜻이다.

5

experiment [ikspérəmənt · 익스페러먼트] 실험

The biological experiment is prohibited.
생물학적 실험이 금지되어 있다.

5

indeed [indíːd · 인디−드] 정말

He is indeed a liar. 그는 정말 거짓말쟁이다.

5

recognize [rékəgnàiz · 뤠컥나이즈] 인식하다

I can't recognize his face. 난 그의 얼굴을 알아보지 못했다.

5

exact [igzǽkt · 이그잭트] 정확한

Can you tell me the exact time? 정확한 시간 얘기해주실 수 있으세요?

5

necessary [nésəsèri · 네시쎄리] 필요한

It is necessary to make money. 돈 버는 것은 필요하다.

5

shine [ʃain · 샤인] 빛나다, 비치다

She looked up at a shining little star.
그녀는 빛나는 작은 별 하나를 올려다 봤다.

5

insect [ínsekt · 인쎅트] 곤충

There are many insects in the house. 집에 곤충이 많다.

The mad vet's last invention seldom increased the danger of shy cats.

그 미친 수의사의 마지막 발명품은 수줍은 고양이의 위험을 거의 증대시키지 않았다.

5

mad [mæd · 맫] 미친

He is a mad dog. 그는 미친 개다.

mad는 crazy와 동의어다.

4

vet [vet · 벹] 수의사

He took his cat to the vet. 그는 그의 고양이를 수의사에게 데려왔다.

5

last [læst · 래스트] 최후의

Who is the Last Emperor of China? 중국의 마지막 황제는 누구지?

5

invention [invénʃən · 인벤션] 발명, 발명품

An automobile is a great invention. 차는 위대한 발명품이다.

seldom [séldəm · 쎌덤] 좀처럼 ~않다

I seldom eat dinner. 나는 좀처럼 저녁을 먹지 않는다.

increase [inkríːs · 인크리-스] 늘어나다

The population of Seoul has increased.
서울의 인구는 증가되어왔다.

danger [déindʒər · 데인저] 위험

So, he is in danger. 그래서 그는 위험에 처해 있다.

shy [ʃai · 샤이] 수줍어하는

Don't be shy. 수줍어하지 마.

die in one's arms
내 손에 맞아죽을래?

미경은 미국계 외국인 회사에 3년째 근무하고 있다. 사람 사귀기를 좋아하고, 특히 외국인들과도 스스럼없이 지내는 탓에 사내에서 인기가 높다. 성격이 까다롭지 않은 미경이지만 브라이언이라는 미국 남자는 정말 참을 수 없었다. 동갑내기인 브라이언은 퇴근 무렵이면 "술 한잔 하자"며 매일 치근대는 게 아닌가. 더 이상 참다못해 폭발한 미경이 "너, 내 손에 한번 죽어볼래?" 하고 강력한 경고 메시지를 날렸다.

Do you want to **die in my arms**?

아니 그런데 이 말에 당연히 기가 죽어야 할 브라이언이 더욱 음흉한 미소를 지으며 「Sure, my pleasure.」(그렇게만 된다면 더없이 기쁘지.)라고 대꾸하는 게 아닌가. 미경은 이 남자가 완전히 제정신을 잃었다고 생각했다. 그러나 나중에 자기가 한 말의 진짜 의미를 알게 된 미경은 브라이언만 보면 얼굴이 화끈거렸다. **die in one's arms**는 '황홀한 사랑을 나누다'라는 의미였던 것이다. 미경이 정작 표현하고 싶었던 "너, 내 손에 한번 죽어볼래?"는 「Stop it NOW, or else …」라고 해야 한다.

출처 : 「한국인이 가장 오해하기 쉬운 현지영어표현」(최정화 지음)

I. 다음 빈칸에 알맞은 단어를 넣어 문장을 완성하시오.

1. **꽃병** 고맙습니다.

   Thank you for your __________.

2. 나 **놀라게** 하지마.

   Don't __________ me.

3. 그는 **공공의** 적이다.

   He is the __________ enemy.

4. **독립기념일**은 7월 7일이다.

   The __________ Day is the 7th of July.

5. **정직**은 최고의 정책이다.

   __________ is the best policy.

6. **홍수** 때문에 그 도시의 **인구**가 감소되었다.

   Due to the __________, the __________ of the city has decreased.

7. **고요한 사막**에서 그는 **살아** 있었다.

   In a(n) __________ __________, he was __________.

8. 그 **작대기** 내려놔!

   Drop the __________!

9. 그 곤충은 **모퉁이**가 있음을 **인식하고** 돌아갔다.

   The __________ __________ __________, and turned around.

10. **고대** 시대에는 **수의사**가 없었다.

    In __________ times, there was no __________.

II. 다음의 영어와 우리말 뜻을 바르게 연결하시오.

1. shy	•	① 무례한
2. trick	•	② 낮은
3. danger	•	③ 성공하다
4. sink	•	④ 수줍은
5. purpose	•	⑤ 싫어하다
6. succeed	•	⑥ 가라앉다
7. dislike	•	⑦ 껍질
8. wide	•	⑧ 위험
9. weed	•	⑨ 잡초
10. shell	•	⑩ 목적
11. low	•	⑪ 넓은
12. rude	•	⑫ 속임수

Answer

I. 1. vase 2. frighten 3. public 4. Independence 5. Honesty 6. flood / population 7. calm / desert / alive
   8. stick 9. insect / recognized / edge 10. ancient / vet

II. 1. ④ 2. ⑫ 3. ⑧ 4. ⑥ 5. ⑩ 6. ③ 7. ⑤ 8. ⑪ 9. ⑨ 10. ⑦ 11. ② 12. ①

3학년 교과서 4종 이상 출현 단어 2

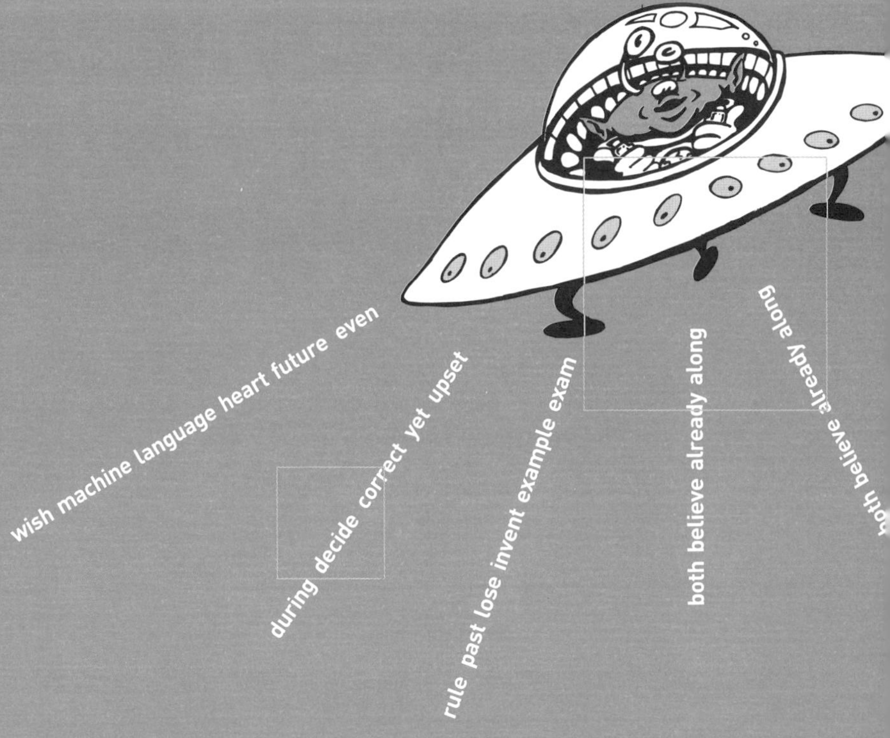

term

[təːrm · 터엄] 기간

I will take the mid-term exam from tomorrow.
내일부터 중간고사를 칠 거야.

'중간, 기말' 할 때의 term입니다. 여러분들은 단어를 꼭 시험 기간에만 외우는지요? 영어는 암기 과목이라기보다는 '평소 숙달' 과목입니다. 평소에 꾸준히 단어를 외워놓지 않으면 벼락치기로 공부하기 힘들지요. 명심하세요. 꾸준히 조금씩.

technique

[tekníːk · 테크닉] 기교

He has techniques in soccer.
그는 축구에 기교가 있다.

tear

[tiər · 티어] 눈물; [tɛər · 테어] 찢다

He sang "Tears in heaven" in the party.
그는 파티에서 "천국에서의 눈물"을 불렀다.

에릭크랩튼의 유명한 노래입니다. 사고로 죽은 아들을 기리며 만든 노래라고 합니다. '눈물'로 쓰일 때와 '찢다'로 쓰일 때의 발음을 꼭 구분하세요.

support

[səpɔ́ːrt · 써포어트] 지지(하다), 지원(하다)

I support his idea.
나는 그의 아이디어를 지지한다.

프로야구에도 서포터가 있고, 붉은악마도 국가대표 축구단의 서포터지요. 이 책은 여러분의 단어 서포터입니다. 단순히 서포터일 뿐 실제 암기는 이 책이 대신 해주지 않습니다.

5
suffer
[sʌ́fər · 써퍼(훠)] 고통받다

She suffered from some disease.
그녀는 몇몇 질병으로 고통받았다.

supper(저녁)와 발음 헷갈리지 마세요. 저녁이라고 얘기해야 하는 것을 고통이라고 해 버리면 이상합니다. 저녁이 웬 고통? 다이어트 중이라 먹는 거 참느라 고통인가?

4
stretch
[stretʃ · 스트뤠취] (손, 발을) 뻗다

Stretching is important part of exercise.
스트레칭은 운동의 중요한 부분이다.

운동중에 '스트레칭'이란 것이 있습니다. 팔다리를 쫙쫙 늘려 몸을 푸는 것을 의미하지요. 자, 스트레칭 한번 하고 단어 계속 외우세요.

4
storm
[stɔ:rm · 스토엄] 폭풍

In April, there was a snow storm here.
4월에 여기에는 눈보라가 쳤다.

4
steal
[sti:l · 스티얼] 훔치다

Don't steal your mother's money.
엄마 돈 훔치지 마라.

야구에서 도루를 '스틸'이라고 합니다. 우리나라 말로 하면 '훔치기' 정도가 됩니다. 수비수와 투수가 방심한 사이 루를 훔치는 것이지요.

square

[skwέər · 스퀘어] 정사각형, 광장

Here is the Madison Square Garden.

여기가 매디슨 스퀘어 가든이다.

뉴욕 시에는 '뉴욕 스퀘어 광장'이라는 것이 있습니다. 보나마나 정사각형으로 생겼겠죠? 맞나? 맞겠지. 인터넷에서 사진을 확인해보시기 바랍니다.

spread

[spred · 스프레드] 펴다, 펼치다

A rumor spread fast.

소문은 빨리 퍼진다.

skin

[skin · 스킨] 피부

Its skin is shallow.

그것의 피부는 얕다.

'스킨로션(skin lotion)'은 피부에 바르는 로션을 의미하죠.

secretary

[sékrətèri · 쎄크터리] 비서, 장관

The secretary of the Department of Defense is young.

국방부 장관은 젊다.

secret(비밀)을 다루는 사람이란 뜻으로도 해석이 되네요. 이를 비서들이 하나 봅니다. 하기야 사장과 비서 사이엔 비밀이 많겠죠.

scientific

[sàiəntífik · 싸이언티픽(휙)] 과학의, 과학적인

Scientific knowledge is not necessary there.

거기엔 과학적 지식이 필요치 않다.

science는 '과학', scientist는 '과학자'를 의미한다.

sail

[seil · 쎄이얼] 돛; 항해하다

She wants to sail around the island.

그녀는 그 섬 주위를 항해하고 싶어했다.

일본만화 '세일러 문'이라는 것이 있습니다. sail이 '항해하다'이므로 sailer는 '항해하는 사람'을 의미합니다.

route

[ru:t · 우루-트] 길, 도로, 항로

Take the opposite route!

반대 항로로 가라!

relax

[rilǽks · 릴랙스] 긴장을 풀다, 느슨해지다

Relax, Michael.

마이클, 긴장을 풀어.

명사형은 relaxation이다.

refer

[rifə́:r · 리퍼(훠)] 참조하다

You don't need to refer others.

다른 사람들 것은 참고할 필요없어.

'레퍼런스북(reference book)'이란 것이 있습니다. reference는 refer 의 명사형이므로 '참고서' 정도가 되겠죠.

rather

[ráðər • 라더] 오히려, 꽤

You are rather like me.
당신은 오히려 나 같아.

---

quality

[kwáləti • 쿠알러디] 질, 품질, 특성

The quality of our society would be improved.
우리 사회의 질이 향상될 것이다.

'양과 질' 할 때의 '질'입니다. '양'은 quantity입니다.

---

provide

[prəváid • 프러봐이드] 제공하다

He provided me with the book.
그는 나에게 그 책을 제공했다.

provide A with B는 'A에게 B를 제공하다'라는 뜻이다. A와 B의 순서를 바꾸면 provide B for A와 같이 전치사도 바뀐다.

---

proverb

[právə:rb • 브라붜-브] 속담, 격언

There is a proverb, "Old habits die hard."
오래된 습관은 사라지지 않는다는 속담이 있다.

---

print

[print • 프린트] 인쇄(물); 인쇄하다

Do not print this.
이거 인쇄하지 마세요.

predict
[pridíkt · 프리딕트] 예언하다

It is impossible to predict the result.
결과를 예측하기가 불가능하다.

pre-는 '이전(before)'을 뜻하고, dict-는 '서술하다'라는 뜻이다. 그래서 dictionary(사전)는 '용어의 뜻을 서술하는 것'이 된다. 따라서 predict는 '이전에 서술하다'가 되어 '예측하다, 예언하다'의 뜻이 된다.

---

neat
[niːt · 니-트] 말끔한

What a neat room you have!
네 방 참 깔끔하다.

그럼 니트웨어는 깔끔한 옷인가요?

---

native
[néitiv · 네이리브] 태생의

In the U.S., native Americans mean Indians.
미국에서 네이티브는 인디언들을 의미한다.

네이티브는 원래 그 지역의 토착민을 의미하지요. 우리나라에서 네이티브라고 하면 영어를 쓰는 사람을 의미하지만, 미국에서 네이티브라는 말을 쓰면 원주민, 즉 '인디언'을 의미합니다.

---

melt
[melt · 멜트] 녹다

The iceberg would be melted.
빙하가 녹을 수 있다.

melting point는 '녹는 점'이다. 반대로 '어는 점'은 freezing point다.

⁴
measure

[méʒər · 메저] 측정하다

There are many ways to measure time.
시간을 측정하는 데는 많은 방법이 있다.

⁴
male

[meil · 메이얼] 남자의, 수컷의

Generally, male animals look for females.
일반적으로 수컷이 암컷을 찾는다.

male의 반대말은 female(암컷)이다.

⁴
lonely

[lóunli · 을로운리] 외로운

You look so lonely.
당신 너무 외로워 보여.

lonely는 부사가 아니라 형용사다. look이 2형식 동사이기 때문에 형용사가 쓰였다.

⁴
lock

[lɑk · 을락] 잠그다, 자물쇠

Please lock the door.
문 잠궈주세요.

어머니들이 쓰시는 '락앤락'(lock and lock) 용기는 잘 잠기는 용기입니다. 우리나라 말로 직역하면 '잠그고 또 잠그고' 정도가 되네요.

⁴
leap

[liːp · 을맆] 껑충 뛰다, 뛰어오르다

Look before you leap.
뛰기 전에 봐라.

kilogram

[kíləgræm · 킬러그램] 킬로그램

This parcel weighs 5 kilograms.

이 소포는 무게가 5킬로그램 나간다.

영국을 포함한 유럽국가들은 킬로그램의 단위를 쓰는데, 미국에서는 파운드(pound)라는 단위를 씁니다. 1파운드는 0.45킬로그램 정도입니다.

joy

[dʒɔi · 죠이] 기쁨

It is not a joy, but a pain.

그것은 기쁨이 아니라 고통이다.

enjoy는 '즐기다'라는 뜻의 동사고, enjoyment는 '향락, 기쁨'이라는 뜻의 명사다. en- 은 명사 앞에 붙어 동사를 만드는 접미사고, –ment는 동사에 붙어 명사를 만드는 접미사다.

journey

[dʒə́ːrni · 저–니] 여행, 여정

He set out for a journey to India.

그는 인도로 가는 여정에 올랐다.

trip은 여행이고 journey는 좀 거창한 여행, 즉 '여정'이지요. 예를 들어, '자아를 찾기 위한 인도로의 3개월에 걸친 여정'이라고 할 때 journey를 씁니다.

incredible

[inkrédəbl · 인크레더블] 믿을 수 없는

Is that true? That's incredible.

그거 정말이야? 믿을 수 없군.

importance

[impɔ́ːrtəns · 임포어턴스] 중요성

You cannot ignore the importance of teachers.

당신은 선생님의 중요성을 무시할 수 없다.

height

[hait · 하잍] 높이, 키

The height of this building is unbelievably high.
이 빌딩의 높이는 믿을 수 없이 높다.

 tall(키 큰)의 명사형입니다. 그런데 술 이름인 hite와 혼동하지 마세요. 발음이 같습니다.

heaven

[hévən · 헤븐] 천국

He seemed to go to heaven.
그는 천국으로 간 듯이 보인다.

growth

[grouθ · 그로우쓰] 성장

The economic growth of our country is downward.
우리나라의 경제 성장은 하향세다.

greedy

[grídi · 그리-디] 욕심 많은

Don't be greedy in front of cookies.
과자 앞에서 욕심부리지 마라.

graduate

[grǽdʒuèit · 그래쥬에잍] 졸업하다

I graduated from Harvard.
나는 하버드를 졸업했다.

frog
[frɔːg · 프(흐)록] 개구리

Once there lived a frog in a stream.
옛날에 개울가에 개구리 한 마리가 살았다.

 개구리는 frog, 그럼 올챙이는 뭘까요? tadpole입니다.

---

freedom
[fríːdəm · 프(흐)리덤] 자유

Everyone has freedom to express one's own opinions.
모든 사람은 자신의 의견을 표현할 수 있는 자유가 있다.

 '자유의 여신상'이라는 표현은 어떻게 할까? 영어로는 the Statue of Liberty라고 한다. 그럼 freedom과 liberty의 차이는 무엇일까? freedom은 그냥 자유이고, liberty는 억압으로부터의 자유를 뜻한다. 그렇기 때문에 liberty라고 하면 과거에 억압이 있었다는 강한 뉘앙스를 풍기게 된다.

---

fog
[fɔg · 폭(혹)] 안개

I had a wonderful date in a fog last night.
나는 어젯밤에 안개 속에서 멋진 데이트를 했다.

---

float
[flout · 플(흘)로우트] 뜨다, 떠다니다

There is a floating object.
떠다니는 물체가 있다.

---

fiction
[fíkʃən · 픽(휙)션] 소설

I like fiction rather than movies.
난 영화보다는 소설을 좋아한다.

 fiction의 반대말 nonfiction은 '실화'입니다. SF는 science fiction 즉 과학 소설을 의미하고, 우리나라 말로 '공상 과학'이라고 합니다.

fashion

[fǽʃən • 패(훼)션] 유행

This style is in fashion.

이 스타일이 유행이다.

faithful

[féiθfəl • 페(훼)이쓰펄(훨)] 충성스러운

My dog is faithful to me.

내 개는 충성스럽다.

 개가 주인에게 갖는 것이 바로 이 faith(충성)입니다.

elect

[ilékt • 일렉트] 뽑다, 선거하다

We elected him as the student president.

우리는 그를 학생회장으로 뽑았다.

dot

[dɑt • 닽] 점

My town is marked as a small dot in a map.

우리 마을은 지도에서 작은 점으로 표시된다.

 dot은 인터넷 사이트를 칠 때 '점'을 의미합니다.

discuss

[diskʌ́s • 디스카스] 토론하다

We discussed it for a long time.

우리는 그걸 오랜 시간 토론했다.

 동의어로 talk about이 있다. 그리고 discuss는 타동사이기 때문에 about과 같은 전치사 없이 바로 목적어가 온다는 데 주의해야 한다.

disagree

[dìsəgríː • 디서그리] 의견을 달리하다

I disagree with the statement.

난 그 말에 동의하지 않는다.

 disagree의 반대말은 agree(동의하다)이다. dis–는 반대말을 만드는 접두사이다.

direct

[dirékt • 디렉트] 똑바른; 지도하다

He got a direct call from the President at midnight.

그는 한밤중에 대통령으로부터의 직통 전화를 받았다.

deliver

[dilívər • 딜리붜] 배달하다

Deliver this product very carefully.

이 제품을 아주 조심스럽게 배달해라.

degree

[digríː • 디그리] (온도, 각도) 정도, 학위

He has a master's degree.

그는 석사 학위를 가지고 있다.

 '학위'라는 뜻 외에도 온도를 이야기할 때에 28 degrees와 같이 얘기 합니다. '도'를 의미하지요.

deer

[diər • 디어] 사슴

A doe is a female deer.

doe는 암사슴이다.

 도레미송의 가사 첫 부분에 나옵니다. "Doe, a deer, a female deer" (doe는 사슴, 암사슴)로 시작하죠.

contrast

[kántræst · **칸츠뢔스트**] 대조, 대비; 대조하다

In contrast, he did a good job.

이와는 대조적으로 그는 잘 했다.

 TV에 있는 contrast를 조정해보세요. 무엇이 조정될까요?

climate

[kláimit · **클라이밑**] 기후

The climate here is terrible.

여기 기후는 엄청 안 좋다.

 그럼 climate과 temperature의 차이는? climate는 '기후'이고 temperature는 '온도' 이다.

choice

[tʃɔ́is · **쵸이스**] 선택

There are two choices: life and death.

삶과 죽음, 두 가지 선택이 있습니다.

chew

[tʃu · **츄—**] (음식물을) 씹다

Don't chew gums in classes.

수업 시간에 껌 씹지 마.

 흔히들 츄잉껌이라고 합니다. 당연히 껌을 가지고 씹지 뭘 하겠습니 까? 그래서 chew는 '씹다'는 뜻입니다.

chemical

[kémikəl • 케미컬] 화학적인; (복수형태로) 화학제품

They believe that the nation holds a great number of chemical weapons.

사람들은 그 나라가 대량의 화학무기를 보유하고 있다고 믿고 있다.

'화학'은 chemistry, '화학자'는 chemist이다.

---

channel

[tʃǽnl • 쵀늘] 채널

Channel 5 is my favorite.

채널 5는 내가 좋아하는 것이야.

---

ceremony

[sérəmòuni • 쎄러모니] 식, 의식, 기념식

Some ceremonies are very painful.

몇몇 의식은 아주 고통스럽다.

축구에서 골을 넣은 후 '세레모니'를 하지요. '의식'을 뜻합니다.

---

cellular

[séljulər • 쎌룰러] 세포의, 구획적인

Give me your cellular phone!

네 휴대폰 줘봐!

흔히 '핸드폰(hand phone)'이라고들 하는데, 틀린 표현이지요. 영어로는 mobile phone(움직이는 전화) 혹은 cellular phone(구획전화)이라고 합니다. 핸드폰의 신호를 보내는 기지국이 커버하는 곳은 구획으로 나뉘어져 있어서 그런 용어를 쓰는 것 같습니다.

butterfly

[bʌ́tərflài • 버러플(훌)라이] 나비

Fly like a butterfly.

나비처럼 날아라.

fly는 '파리'라는 뜻입니다. dragonfly는 용같이 생긴 파리여서 그런지 '잠자리'란 뜻이고, butterfly는 버터처럼 부드럽게 생긴 파리라서 '나비'가 되었는지도 모르겠습니다.

boil

[bɔil • 보이얼] 끓이다

Don't boil rice.

쌀을 끓이지 마.

보일러(boiler)는 물을 끓여서 온도를 높이는 것이지요.

battery

[bǽtəri • 배러리] 배터리

We are out of batteries.

우리 배터리 떨어졌어.

'빠떼리'라고 발음하지 마세요.

apart

[əpáːrt • 어파어트] 따로따로

They are falling apart.

그들은 뿔뿔이 흩어지고 있다.

part는 '부분'을 뜻하므로 apart는 '따로'를 의미합니다.

ant

[ænt · 앤트] 개미

Ants are insects.

개미는 곤충이다.

aunt(아줌마)와 발음이 같습니다. 혼동하지 마세요. 제 경우에는 예전에 꼭 개미처럼 생긴 아줌마(An aunt looking like a ant)를 본 적이 있습니다만…

---

advertise

[ǽdvərtàiz · 애드**붜타이즈**] 광고하다

You don't need to advertise this.

이걸 광고할 필요는 없다.

---

achieve

[ətʃíːv · 어**취**–브] 성취하다

To achieve this, I did my best.

이걸 성취하기 위해서 난 최선을 다했다.

---

aboard

[əbɔ́ːrd · 어**보**엄] 탑승[승선]한

Welcome aboard.

탑승을 환영합니다.

abroad(해외로)와 철자가 비슷하죠. 헷갈리지 마세요.

"Welcome aboard"는 "입사를 환영합니다"라는 뜻도 있다.

---

ability

[əbíləti · 어**빌리디**] 능력

The ability to write is getting more important.

읽는 능력은 더욱 중요해지고 있다.

'영작 능력'은 writing ability, '독해 능력'은 reading ability이다.

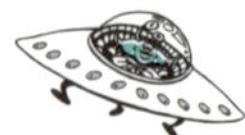

한 문장 암기로 단어 깡그리 외우기

The intelligent deaf intended to attend all the classes in this semester, and the total attending rate was above the average.

지적인 청각장애자들이 이번 학기의 모든 수업에 출석하려고 의도했었고 전체 출석률은 평균 이상이었다.

4

intelligent [intéləʤənt · 인텔리전트] 지적인

I prefer intelligent women.　난 지적인 여자를 선호한다.

4

deaf [def · 데프(흐)] 귀먹은

Deaf people can see things very clearly.
귀먹은 사람들은 사물을 명확히 볼 수 있다.

예문에서 The intelligent deaf는 복수 명사를 의미한다. 보통 'the + 형용사/분사'는 단수나 복수 명사의 의미를 지니는데 위 문장에서 the intelligent deaf는 intelligent deaf people과 같이 복수명사의 뜻이다.

4

intend [inténd · 인텐드] ~할 의도이다

I intended to meet the teacher.　난 그 선생님을 만날 의도였다.

4

attend [əténd · 어텐드] 참석하다

Attending classes is a requirement.　수업에 출석하는 것이 필수다.

4

semester [siméstər · 씨메스터] 학기

In this semester, I could not do my best.
이번 학기에 최선을 다 할 수 없었다.

4

total [toutl · 토우를] 전체의

The **total** amount is a million won. 전체 액수가 100만원이다.

4

rate [reit · 뤠일] 비율

The death **rate** here is quite high. 여기선 사망 비율이 꽤 높지.

4

above [əbʌ́v · 어버브] ~의 위에

He is **above** my position. 그는 내 지위 위에 있다.

4

average [ǽvəridʒ · 애브리쥐] 평균

The **average** lifespan keeps going up.
평균 수명이 계속 증가하고 있다.

keep + –ing는 '계속 ~하다'라는 의미를 지닌다.

The confused package tour guide satisfied nobody, but they forgave him.

그 어리둥절한 패키지 관광 가이드는 어느 누구도 만족시키지 못했지만 그들은 그를 용서했다.

4

confuse [kənfjúːz · 컨퓨(휴)-즈] 혼란시키다

I am **confused.** 난 혼란스러워.

4

package [pǽkidʒ · 패키쥐] 포장

I'll buy a **package** tour. 나는 패키지 투어를 구매할 거야.

4

tour [tuər · 투어] 여행

This is a package **tour.** 이것은 패키지 여행 상품입니다.

4

satisfy [sǽtisfài · 쌔리스파(화)이] 만족하다

I **am satisfied** with the result. 난 그 결과에 만족했다.

4

nobody [nóubàdi · 노우바리] 아무도 ~아니다

He **is nobody.** 그는 아무것도 아니야. (중요한 사람이 아니야)

4

forgive [fərgív · 포(호)어기브] 용서하다

You should not **forgive** him. 그를 용서하면 안 된다.

Because of the double schedule, people in the castle made an available normal decision based on the reality.

중복된 일정 때문에 그 성에 있는 사람들은 현실에 근거한 가능한 정상적 결정을 했다.

double [dʌ́bl · 더블] 두 배의, 2중의

The price has been doubled.　가격이 두 배가 되었다.

schedule [skèdʒu(ː)l · 스케쥴] 일정

My schedule is tight.　내 일정은 빠듯하다.

castle [kǽsl · 캐쓸] 성, 성곽

A prince lived in a shining castle.
젊은 왕자가 빛나는 성에서 살았습니다.

available [əvéiləbl · 어붸일러블] 이용할 수 있는

Solar energy is now available.　태양에너지는 이제 이용 가능하다.

normal [nɔ́ːrməl · 노어멀] 보통의

In a normal condition, He could have died.
정상적 상태에서는 그는 죽었을 수도 있다.

decision [disíʒən · 디씨전] 결정

She hasn't made any decisions.　그녀는 어떤 결정도 안 했다.

reality [riǽləti · 뤼앨러디] 현실

Face the reality!　현실을 직시하라고!

# Exercise Test

I. 다음 빈칸에 알맞은 단어를 넣어 문장을 완성하시오.

1. 저를 **용서해** 주세요.

   Please, __________ me.

2. 그의 단어 암기 **능력**은 **평균 이상**이다.

   His __________ to memorize words is ______ the __________.

3. 그들은 어떤 것도 **광고하지** 않았다.

   They did not __________ anything at all.

4. **개미**가 **개구리**와 싸운다.

   A(n) __________ is fighting against a(n) __________.

5. 그거에 대해 **토론해** 보겠습니다.

   Let me __________ it.

6. 이 **나비**는 **욕심이 많다.**

   This __________ is __________.

7. 그거 **씹지** 마!

   Don't __________ it!

8. 그들은 그 결혼식에 **참석할 의도가** 없었다.

   They did not ______ to __________ the wedding __________.

9. **기후**가 안 좋다.

   The __________ is not good.

10. 그 성에는 **귀머거리**들이 있다.

    In the __________, there are some __________ people.

II. 다음의 영어와 우리말 뜻을 바르게 연결하시오.

1. decision   •　　　① 배달하다

2. chemical   •　　　② 즐거움

3. graduate   •　　　③ 화학적인

4. fog   •　　　④ 졸업하다

5. height   •　　　⑤ 뛰다

6. graduate   •　　　⑥ 잠그다

7. growth   •　　　⑦ 높이

8. deliver   •　　　⑧ 안개

9. lock   •　　　⑨ 성장

10. leap   •　　　⑩ 선택

11. joy   •　　　⑪ 펄쩍 뛰다

12. choice   •　　　⑫ 결정

Answer

I.　1. forgive　2. ability / above / average　3. advertise　4. ant / frog　5. discuss　6. butterfly / greedy
　　7. chew　8. intend / attend / ceremony　9. climate　10. castle / deaf

II.　1.⑫　2.③　3.④　4.⑧　5.⑦　6.④　7.⑨　8.①　9.⑥　10.⑪　11.②　12.⑩

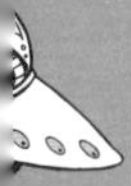

3학년 교과서
3종 이상 출현 단어

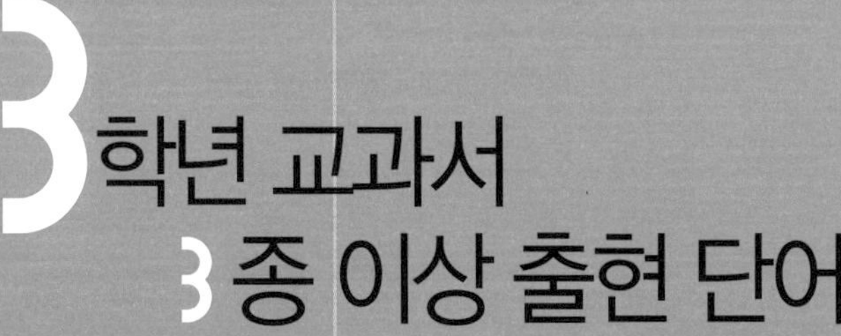

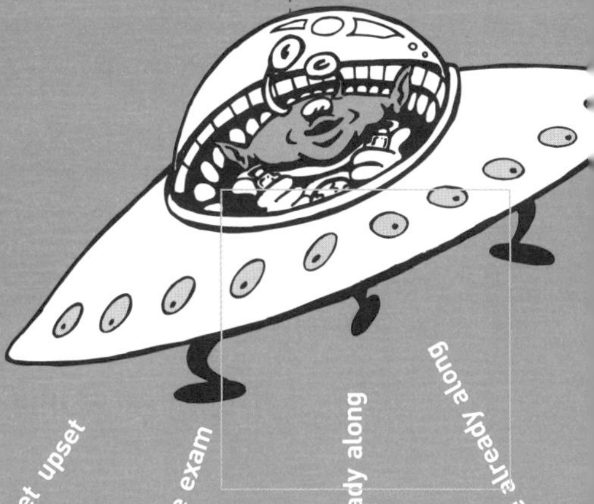

wish machine language heart future even

during decide correct yet upset

rule past lose invent example exam

both believe already along

both believe already along

³
wedding

[wédiŋ · 웨링] 결혼식

I saw a movie, "Four Weddings and a Funeral" yesterday.

나는 어제 「4번의 결혼식과 한 번의 장례식」이라는 영화를 봤다.

 '결혼'은 marriage, '이혼'은 divorce, '별거'는 separation이다.

---

³
wealth

[welθ · 웰쓰] 부

Health is more important than wealth.

부보다 건강이 더 중요하다.

 '건강'이 health이고 '부'가 wealth인데 이 두 단어는 연관이 있는 것처럼 서로 철자 하나 사이로 비슷합니다. 건강과 돈이 인생에 있이 제일 중요하기 때문에 단어를 비슷하게 만들었나 봅니다.

---

³
visitor

[vízitər · 뷔지러] 방문자

I always welcome the visitors.

나는 항상 방문객을 환영합니다.

 인터넷 사이트를 보면 '방문자수'라는 것이 있습니다. 영어로는 the number of visitors 정도가 됩니다.

---

³
value

[vǽlju · 뺄류–] 가치

The value of this car is not calculable.

이 차의 가치는 계산할 수 없다.

upper

[ˈʌpər · 어퍼] 더 위의, 높은 곳의

I aim for the upper level.

난 더 높은 레벨을 목표로 정한다.

upper class는 '상류층'이고, '하류층'은 lower class이다.

---

unite

[ju(ː)náit · 유나이트] 합치다

United we stand, divided we fall.

뭉치면 살고 흩어지면 죽는다.

---

twin

[twin · 트윈] 쌍둥이

They are not twins.

그들은 쌍둥이가 아니다.

LG Twins 구단의 이름에 쌍둥이라는 단어가 들어간 이유가 무엇일까요? 여의도의 LG본사 건물이 쌍둥이 빌딩이기 때문입니다.

---

trust

[trʌst · 추러스트] 믿다

I do not trust them.

난 그들을 믿지 않는다.

believe와 trust에는 어떤 차이가 있을까요? trust는 사람 자체를 믿는다는 뜻으로 많이 쓰이고, believe는 어떤 사람이 한 말, 혹은 약속 등을 믿는다는 뜻입니다.

³
tough

[tʌf · 타프(흐)] 힘든, 고된

They are too tough.

그들은 너무 터프해.

터프가이(tough guy)는 아무래도 다루기 힘들죠. 그래서 tough는 '고된' '힘든'의 뜻이 됩니다.

---

³
tight

[tait · 타잍] 단단한, 빈틈 없는

They have the tight relationship.

그들은 확고한 관계를 가지고 있다.

타이트한 스케줄이라고 하면 바쁜 일정을 의미합니다. 특히 패키지 여행을 하게 되면 정말 스케줄이 타이트하지요. 한 곳을 관람하고 다음 곳을 관람하는 중간의 쉬는 시간이 거의 없이 일정과 일성 사이가 '난단하게' 묶여져 있는 것을 의미합니다. 그래서 tight는 '단단한'을 의미하지요.

---

³
text

[tekst · 텍스트] 본문

The text is unreadable.

본문이 안 읽힌다.

컴퓨터 파일 이름 중에 *.txt로 끝나는 것이 있습니다. 문서 파일을 의미하고 기본적인 본문만 나오지 도표나 특수문자 등의 부가기능이 전혀 없이 글만 쓰인 것을 의미하죠.

---

³
task

[tæsk · 태스크] 일

I am sick and tired of this and that of household tasks.

나는 이런 저런 집안일에 진절머리가 난다.

sick and tired of는 '진절머리 나는, 싫증난'이라는 뜻이다. 비슷한 뜻으로 fed up with가 있고, sick of나 tired of도 같은 뜻으로 쓰인다.

³
tale
[teil · 테일] 이야기

That's a fascinating fairy tale.
그것은 매혹적인 동화다.

피터팬 등과 같은 요정 이야기라는 표현을 할 때에 이야기는 tale이라고 합니다. tail과 발음이 같다고 헷갈리지 마세요. 왠 꼬리? 물론 이야기가 꼬리를 물고 이어지는 경우도 있지만 서로 상관없는 단어입니다.

³
survive
[sərváiv · 써봐이브] 살아남다

They survived the winter.
그들은 겨울에 살아 남았다.

TV 프로그램의 코너에 '브레인 서바이버'라는 것이 있습니다. 두뇌(brain)가 좋아서 살아 남은 사람(survivor)를 의미합니다. 물론 머리가 좋고 안 좋고는 여러 기준이 있습니다만, 제 생각에는 단어 잘 외우는 사람이 머리가 좋은 것이 아닌가 합니다. (앗! 돌 맞겠다.)

³
surface
[sə́:rfis · 써피(휘)스] 표면

The surface of the Earth is solid.
지구의 표면은 단단하다.

³
studio
[stjú:diòu · 스튜디오] 작업장

I visited the Universal Studio.
나는 유니버셜 스튜디오를 방문했다.

'스튜디오'라고 하면 보통은 방송국 작업실을 떠올리시는 분이 많겠지만, 작업실은 모두 studio라고 하시면 됩니다. 미술 작업실이건 사진 작업실이건 상관없습니다.

straw

[strɔ́: · **스트로-**] 지푸라기

A drowning man will catch at a straw.
물에 빠진 사람은 지푸라기라도 받는다.

지푸라기로 만든 허수아비는 영어로 뭐라고 할까요? 허수아비라는 단어에 지푸라기는 들어가지 않습니다. scarecrow라고 하지요. scare는 '놀라게 하다'는 뜻이고 crow는 '까마귀'입니다. '까마귀를 놀라게 하는 것' 정도의 의미가 됩니다.

statue

[stǽtʃu · **스태츄**] 상(像)

The Statue of Liberty is in New York.
자유의 여신상은 뉴욕에 있다.

stage

[stéidʒ · **스테이지**] 무대, 단계

I failed in the final stage.
마지막 스테이지에서 실패했다.

스테이지 1을 클리어하고 나면 스테이지 2로 넘어간다는 식의 이야기를 할 때의 '단계'입니다. 물론 중간에 다이(die)할 수도 있겠지요.

spirit

[spírit · **스피어릳**] 영혼

The village was filled with evil spirits.
그 마을은 악령으로 가득찼다.

spicy

[spáisi · **스파이시**] 향기로운, 양념을 넣은

I like Spicy Girls' songs.
나는 스파이시 걸즈의 노래를 좋아한다.

shelter
3

[ʃéltər · 쉘터] 피난처

We wandered about for two hours seeking for shelter from the cold.

우리는 추위를 막을 피난처를 찾아 두 시간 동안 헤맸다.

---

servant
3

[sə́:rvənt · 써어붼트] 하인, 고용인

I am your servant.

저는 당신의 하인입니다.

serve(봉사하다)에서 나온 단어이다. 즉 '봉사하는 사람'을 뜻한다.

---

self
3

[self · 쎌프(흐)] 자기, 자신

Self-control is the most difficult thing.

자기 통제는 가장 어려운 일이다.

'물은 셀프예요'라고 할 때의 셀프입니다. '자기 스스로'라는 뜻이지요.

---

seaweed
3

[síːwìːd · 씨-위드] 해초, 바닷말, 해조

Eating seaweed is good for health.

해초를 먹는 것은 건강에 좋다.

weed는 '잡초'를 의미하고 sea는 '바다'이므로 seaweed는 '바다에 사는 잡초'가 되어 '해초'라는 뜻이 된 것이지요.

scare

[skɛər · 스케어] 겁나게 하다, 위협하다

This movie is quite scaring.

이 영화는 꽤 겁난다.

이 단어는 '누군가를 겁나게 하다'라는 뜻이기 때문에 내가 겁이 나게 되면 "I am scared"라고 수동으로 하여야 합니다.

rotate

[róuteit · 우로우테일] 회전하다

Please rotate this picture.

이 사진 돌려주세요.

투수 로테이션을 잘 하는 구단이 승리할 확률이 높지요. 여기서의 로테이션(rotation)은 '회전'을 의미합니다. 투수 한 명을 빙글빙글 회전시키는 것이 아니라 투수를 등판 순서에 따라 일정하게 돌아가며 투입한다는 뜻이지요.

rip

[rip · 륖] 찢다

He ripped a piece of paper off.

그는 종이를 찢었다.

r을 잘못 발음하면 lip(입술)이 됩니다. 입술이 찢어진다? 발음 조심하세요.

riddle

[ridl · 뤼들] 수수께끼, 알아맞히기

Can you give me an answer to this riddle?

이 수수께끼에 답 좀 알려줄래?

rewrite

[rì:ráit · 리-롸잍] 다시 쓰다

Please, rewrite the essay.
이 에세이 다시 쓰세요.

 re-는 '다시'의 뜻이고 write는 '쓰다'라는 뜻이므로 rewrite은 '다시 쓰다'는 뜻이 됩니다.

reward

[riwɔ́:rd · 리워드] 사례

Don't expect any reward.
어떤 보상도 기대하지 마.

respond

[rispánd · 리스판드] 답하다, 응답하다

Respond to every email quickly.
모든 이메일에 빨리 답해라.

represent

[rèprizént · 뤠프리젠트] 대표하다

Kimchi represents Korea.
김치는 한국을 대표한다.

replace

[ripléis · 리플레이스] 대신하다

I replaced an old chair with a new one.
나는 낡은 의자를 새 것으로 바꿨다.

 re-는 '다시'이고 place는 '두다'라는 뜻이므로 '다시 두다'가 되어 '대신하다'의 뜻이 되었습니다.

relationship

[riléiʃənʃìp · 릴레이션쉽] 관계

I have good relationships with others.

나는 다른 사람들과 좋은 관계를 가지고 있다.

---

relate

[riléit · 릴레이트] 관계가 있다

Are you two related?

너희 둘 관계 있니? (친척 관계를 의미)

 위의 말은 둘이 친척 사이냐는 질문입니다. 너희 둘 연인이냐는 질문이 아닙니다.

---

receipt

[risíːt · 리씨—트] 영수증

Always ask a receipt.

항상 영수증 요구하세요.

 receipt에서 p는 묵음입니다. '리씹트'라고 발음하지 않도록 주의하세요.

---

proper

[prápər · 프라퍼] 적당한, 적절한

His behavior is not proper.

그의 행동은 적절하지 않았다.

professional

³

[prəféʃənl · 프러**페(풰)셔**널] 전문적인, 직업의; 전문가

I am professional.

난 전문가예요.

프로 운동선수는 professional athlete이라고 합니다. 우리가 흔히 얘기하는 '프로'는 바로 이 단어를 줄인 말이지요.

professional은 형용사와 명사로 쓰이는데 위 문장에서는 형용사일까, 명사일까? 정답은 형용사이다. 명사라면 셀 수 있는 명사이기 때문에 관사가 붙어야 하기 때문이다. 따라서 위 문장은 "I am a professional"과 같이 쓸 수도 있다.

production

³

[prədʌ́kʃən · 프러**덕션**] 제작

The production rate of this month is very low.

이번 달의 생산률이 아주 저조하다.

pride

³

[praid · 프**롸이드**] 자부심

She has a pride of her work.

그녀는 일에 대해 자부심을 갖고 있다.

preserve

³

[prizə́:rv · 프리**저-브**] 보존하다

Preserve this food in the refrigerator.

이 음식 냉장고에 보존하세요.

prediction

³

[pridíkʃən · 프리**딕션**] 예보, 예언

No predictions allowed!

어떠한 예측도 금물!

predict는 동사형입니다.

praise

[preiz · **프레이즈**] 칭찬하다

Praise him. Otherwise, he will make mistakes.
그를 칭찬해라. 안 그러면 실수할 걸.

position

[pəzíʃən · **퍼지션**] 위치

He was promoted to a higher position.
그는 더 높은 지위로 승진했다.

 축구에서 포지셔닝(positioning)을 잘하는 선수가 뛰어난 선수라는 말을 많이 합니다. 공이 오는 위치를 재빨리 계산하여 위치를 잡는다는 뜻이겠지요.

phrase

[freiz · **프(흐)레이즈**] 어구

Combine words into phrases.
단어를 조합해서 구로 만들어라.

permission

[pərmíʃən · **퍼미션**] 허가

I couldn't get permission.
허가 못 받았어.

parliament

[páːrləmənt · **팔러먼트**] 의회

The parliament **passed the law.**
의회가 그 법을 통과시켰다.

 영국의 의회는 Parliament, 미국 의회는 Congress, 일본 의회는 Diet라고 합니다. 우리나라 국회는 National Assembly라고 하지요. 왜 이리 복잡하게 쓰냐구요? 저한테 묻지 마세요.

otherwise

3

[ʌ́ðərwàiz · 아더와이즈] 만약 그렇지 않으면

Otherwise they will all die.
만약 안 그러면 그들 다 죽을 거다.

organization

3

[ɔ̀:rgənizéiʃən · 오어거니제이션] 조직

Organizations and groups are important to people's lives.
조직과 그룹은 사람들의 삶에 있어 중요하다.

시사 용어 가운데 세계무역기구라는 것이 있습니다. 바로 WTO지요. 'World (세계) Trade(무역) Organization(기구)' 입니다.

opposite

3

[ápəzit · 아퍼짇] 반대편의

Take the opposite way.
반대편 방법을 취해봐.

occur

3

[əkə́:r · 어커] (일이) 발생하다

An accident occurred last night.
지난밤 사고가 일어났다.

observe

3

[əbzə́:rv · 업저어브] 관찰하다

Observing the Sun is not an easy job.
태양을 관찰하는 것은 쉬운 일이 아니다.

object

3

[ábdʒikt · 아브직] 물건, 물체, 대상

In the past, small objects struck the Earth.
과거에 작은 물체들이 지구를 강타했다.

3
notice
[nóutis · 노우리스] 알아차리다

My mother noticed the scores of the last exam.
엄마가 지난 시험 성적을 알아차리셨다.

3
nod
[nɑd · 나드] (고개를) 끄덕이다

Nodding means 'no' in some cultures.
몇몇 문화에서 끄덕이는 것은 '아니오'를 의미합니다.

그럼 고개를 젓는 것은 어떤 표현을 쓸까요? Shaking one's head면 됩니다.

3
neighborhood
[néibərhùd · 네이버후드] 이웃

There are many babies in my neighborhood.
내 이웃에는 많은 아기들이 있습니다.

3
negative
[négətiv · 네거리브] 부정적인

This movie will give negative influence to children.
이 영화는 아이들에게 부정적인 영향을 미칠 것이다.

negative의 반대말은 positive(긍정적인)이다.

3
mood
[mu:d · 무-드] 기분, 분위기

They were all in a good mood.
그들은 모두 기분이 좋았다.

데이트를 하다가 무드를 깨는 경우가 있습니다. 뜬금없이 이라크 전쟁에 대한 이야기를 하고, 미군철수 문제 얘기를 꺼내어 무드를 깨는 경우가 있지요. 이때의 무드는 '분위기'를 의미합니다.

monster

[mánstər · 만스터] 괴물

He looks like a monster.

그는 괴물처럼 생겼다.

디즈니 만화 가운데 「몬스터 주식회사」라는 것이 있습니다. 괴물이야 기지요.

---

misunderstand

[mìsʌndərstǽnd · 미스언더스탠드] 오해하다

The company misunderstood his intention.

그 회사는 그의 의도를 오해했다.

mis-는 wrong(잘못된)의 뜻입니다. mistake는 '실수'이고, miscommunication은 의사소통이 제대로 되지 않았다는 뜻이지요. 역시 '이해하다(understand)'라는 단어에 mis-가 붙었으니 '오해하다'의 뜻이 됩니다.

---

mental

[méntl · 멘틀] 정신의, 마음의

Playing games is good for mental health.

게임을 하는 것은 정신건강에 좋다.

mental의 상대어는 physical(육체적인)이다.

---

major

[méidʒər · 메이저] 주요한, 전공하다

The major part of my success is luck.

내 성공의 주요 부분은 운입니다.

미국 프로야구 메이저리그, 마이너리그에서의 메이저입니다. 마이너(minor)는 '중요하지 않은' '소수의' 정도의 의미가 되지요. 우리나라 출신 선수들 메이저 갔다가 마이너 갔다가 하지 말고 기복없이 메이저에서 기량을 발휘했으면 합니다.

loose

[luːs · 을루-스] 느슨한

They have loose manners.

그들은 느슨한 매너를 갖고 있다.

tight(단단한)의 반대말이고 lose(잃어버리다)와 철자와 발음을 혼동하지 마세요.

limit

[límit · 을리밑] 제한; 제한하다

Don't limit the number of people.

사람 수를 제한하지 마세요.

lay

[lei · 을레이] 놓다, 두다, (알을) 낳다

Whales don't lay eggs.

고래는 알을 낳지 않습니다.

kneel

[niːl · 니얼] 무릎을 꿇다

Don't kneel in front of him.

그 앞에서 무릎 꿇지 말아라.

junk

[dʒʌŋk · 정크] 쓰레기, 잡동사니

He's junk!

그는 쓰레기야!

하루에도 junk mail이 수십 통씩 오는 것 같습니다. 그 중에서 '저기요, 어젯밤에 죄송해요'라는 제목의 junk mail은 안 보려고 해도 보게 되더군요.

junk mail은 spam mail과 같은 뜻이다. 쓸데없는 광고 메일을 의미한다. spam mail이라는 말은 스팸을 만드는 회사에서 처음으로 이런 류의 광고 메일을 보내기 시작했기 때문에 붙여진 이름이다.

joke
³

[dʒouk · 조우크] 농담

Hey, calm down. It was just a joke.
이봐, 진정해. 농담인데 뭐.

---

iron
³

[áiərn · 아이언] 철, 쇠

He has iron fists.
그는 쇠주먹을 갖고 있지.

iron에서 r은 묵음이다. 발음하지 않도록 주의한다.

---

imagination
³

[imǽdʒənéiʃən · 이매지네이션] 상상

He only exists in her imagination.
그는 그녀의 상상 속에서만 존재한다.

---

image
³

[ímidʒ · 이미지] 영상, 상징; 상상하다

This brand is different from its popular image.
이 브랜드는 대중적 이미지와는 다릅니다.

---

hardworking
³

[háːrdwə̀ːrkiŋ · 하어드워킹] 열심히 일하는

They are hardworking people.
그들은 열심히 일하는 사람들이다.

동의어로 diligent, industrious 등이 있는데, hardworking은 그 중에서도 구어적인 표현이다.

gym

[dʒim · 짐] 체육관

I go to a gym regularly.

난 정기적으로 체육관에 간다.

gym은 gymnasium의 줄임말이다. 평상시에는 이 줄임말을 더 많이 쓴다.

guy

[gai · 가이] 사람, 녀석

He is a tough guy.

그는 거친 녀석이다.

성룡의 영화 가운데 「나이스 가이(Nice Guy)」라는 것이 있습니다. 우리 나라 말로 해석하면 '좋은 녀석' 정도가 되겠네요.

guest

[gest · 게스트] 손님

This beef is for important guests.

이 쇠고기는 중요한 손님들을 위한 거야.

TV 토크쇼에는 MC가 있고 게스트들이 출연합니다. 이때 알 수 있듯이 게스트는 손님을 의미합니다. 참고로, MC는 Master of Ceremonies(사회자)의 약어입니다.

global

[glóubəl · 글로우벌] 지구의

We live in a global village.

우리는 지구촌에 살고있다.

야구공은 둥그런 모양입니다. 둥그런 구의 모양을 globe라고 하지요. 일찌기 콜럼버스가 얘기했습니다. "지구는 둥글다!"

genome

[dʒíːnoum · **쥐-노움**] 한 생물체의 유전자 전체

The Korea government launched out on the genome project.

한국 정부는 게놈 프로젝트에 착수했다.

'게놈 프로젝트'라는 것이 있습니다. 인간의 유전자를 다 해독하는 것인가, 암튼 뭐 그런 프로젝트죠. 단어상에 gene, geno 등이 있으면 유전에 관한 단어려니 하면 다 맞습니다.

generation

[dʒènəréiʃən · **제너레이션**] 세대

We should hand over a better world to younger generation.

우리는 젊은 세대에게 더 나은 세상을 물려주어야 한다.

이 단어도 바로 위의 단어와 마찬가지로 단어상에 gene이 있습니다. 쭉 내려오는 것을 의미하고 '세대'라는 뜻이 되지요.

hand over는 '넘어서 손에 쥐어주는 것'이므로 '넘겨주다' '물려주다'라는 뜻이다.

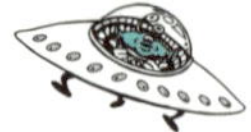

한 문장 암기로 단어 깡그리 외우기

The government recommendation is perhaps to search for the successful robber.

정부의 권고는 아마도 그 성공적인 강도를 찾는 것이다.

3

government [gʌ́vərnmənt · 가뷘먼트] 정부(政府)

Most people are against the government policy.
대부분의 사람들이 정부 정책에 반대한다.

3

recommend [rèkəménd · 뤠커멘드] 추천하다

I would not recommend him. 난 그를 추천하지 않을 걸세.

3

perhaps [pərhǽps · 퍼햅스] 아마 (= maybe)

Perhaps, she is Taiwanese. 아마 그 여자는 대만인일 거야.

3

search [səːrtʃ · 써어취] 찾다, 조사하다

I searched for him. 나는 그를 찾았다.

3

successful [səksésfəl · 썩쎄스펄(훨)] 성공한

He became successful. 그는 성공했다.

3

rob [rɑb · 롭] 훔치다, 빼앗다

My cousin robbed the bank. 사촌이 은행을 털었다.

3

pregnant [prégnənt · 프레그넌트] 임신한

She is not pregnant. She is just fat.
그녀는 임신한 게 아니에요. 뚱뚱할 뿐이지.

3

grocery [gróusəri · 그로우써리] 식품점

He runs his own grocery store.   그는 자신의 식품점을 운영한다.

 run은 원래 '달리다'라는 뜻이지만, 가게나 사업에 대해서 말할 때는 '운영하다'라는 뜻도 있다. 그리고 run은 불규칙 동사로 run-ran-run으로 변화한다.

3

responsible [rispánsəbl · 뤼스판서블] 책임이 있는

He is responsible for the accident.   그는 그 사고에 책임이 있다.

 be responsible for는 '~에 책임이 있다'라는 뜻이다.

3

uncomfortable [ʌnkʌ́mfərtəbl · 언캄퍼(훠)러블] 불편한

His car is uncomfortable.   그의 차는 불편하다.

3

twist [twist · 트위스트] 꼬다

Twist the ends.   끝을 꼬아라.

3

thumb [θʌm · 썸] 엄지손가락

Don't show me your thumb.   엄지손가락 보이지 마.

The harmful soil from the meadow by the seashore is in separate jars in the refrigerator.

해안가 옆의 목초지로부터 가져온 해로운 흙이 냉장고의 분리된 단지에 있다.

3

harmful [háːrmfəl · 하엄펄(훨)] 해로운

Human activity is harmful to the Earth. 인간의 활동은 지구에 해롭다.

3

soil [sɔil · 쏘이얼] 흙

This soil is rich in minerals. 이 흙은 광물질이 풍부하다.

3

meadow [médou · 메도우] 목초, 목장

My uncle owns a big meadow. 내 삼촌은 큰 목장을 소유하고 있다.

3

shore [ʃɔːr · 쇼어] (바다, 강) 물가

She sells seashells by the seashore.
그녀는 바닷가에서 소라껍질을 판다.

3

separate [sépərèit · 쎄퍼레잍] 갈라놓다, 나눠지다; 갈라진, 개개의

My parents have been separated for two years.
나의 부모님들은 2년째 별거중이시다.

3

jar [dʒɑːr · 자어] 단지, 항아리

I found a honey jar in the shelf. 나는 선반에서 꿀단지 하나를 찾았다.

3

refrigerator [rifrídʒərèitər · 뤼프(흐)리저레이러] 냉장고

My mother bought a brand-new refrigerator.
엄마가 새로운 냉장고를 사셨다.

A realistic regular research source about human genes still remains.

현실적이고 정기적인 인간 유전인자에 관한 연구거리가 아직 남아 있다.

3

realistic [rìːəlístik · 뤼얼리스틱] 현실적인

The Matrix is not **realistic**. 매트릭스는 현실적이지 않다.

3

regularly [régjulərli · 뤠귤럴리] 정기적으로

I exercise **regularly**, but he doesn't.
난 정기적으로 운동한다. 하지만 그는 안 그렇다.

3

research [risə́ːrtʃ · 뤼써어취] 연구(하다)

Do some **research**! 연구 좀 해!

3

source [sɔːrs · 쏘어스] 근원

The **source** of this rumor is not me. 이 루머의 근원은 내가 아니야.

3

gene [dʒiːn · 쥔–] 유전 인자

Gene mapping is very important for biotechnology.
유전자 지도 작성은 생명 공학에 있어 매우 중요하다.

3

remain [riméin · 뤼메인] ~인 채로 있다

That **remains** damaged. 그것은 손상된 채로 남아 있다.

I. 다음 빈칸에 알맞은 단어를 넣어 문장을 완성하시오.

1. **정부의 공식적** 의견

   A(n) _________ opinion of the _________

2. 젊은 **세대**는 똑똑하다.

   Younger _________ members are smart.

3. 너 오늘 **체육관** 갔었니?

   Did you go to the _________?

4. **정신적인** 건강은 중요하다.

   _________ health is important.

5. 그는 **괴물**이다.

   He is a(n) _________.

6. WTO는 주요 조직이다.

   The WTO is a(n) _________ _________.

7. 그는 이 **임신한** 여성에 대해 **책임이** 있다.

   He is _________ for this _________ woman.

8. 흡연은 **해롭**다.

   Smoking is _________.

9. **부정적인 상상**은 좋지 않다.

   A(n) _________ _________ is not good.

10. **적절한** 의견이 많이 있다.

    There are many _________ opinions.

1. regularly	•	① 분위기
2. surface	•	② 철
3. junk	•	③ 대체하다
4. opposite	•	④ 정기적으로
5. research	•	⑤ 표면
6. replace	•	⑥ 관찰하다
7. mood	•	⑦ 끄덕이다
8. nod	•	⑧ 자부심
9. observe	•	⑨ 쓰레기
10. scare	•	⑩ 연구
11. pride	•	⑪ 놀라게 하다
12. iron	•	⑫ 반대의

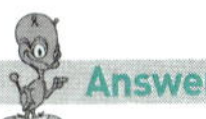

Answer

I. 1. official / government 2. generation 3. gym 4. Mental 5. monster 6. major / organization
   7. responsible / pregnant 8. harmful 9. negative / imagination 10. proper

II. 1. ④ 2. ⑤ 3. ⑨ 4. ⑫ 5. ⑩ 6. ③ 7. ① 8. ⑦ 9. ⑥ 10. ⑪ 11. ⑧ 12. ②

23 학년 교과서
2 종 이상 출현 단어 1

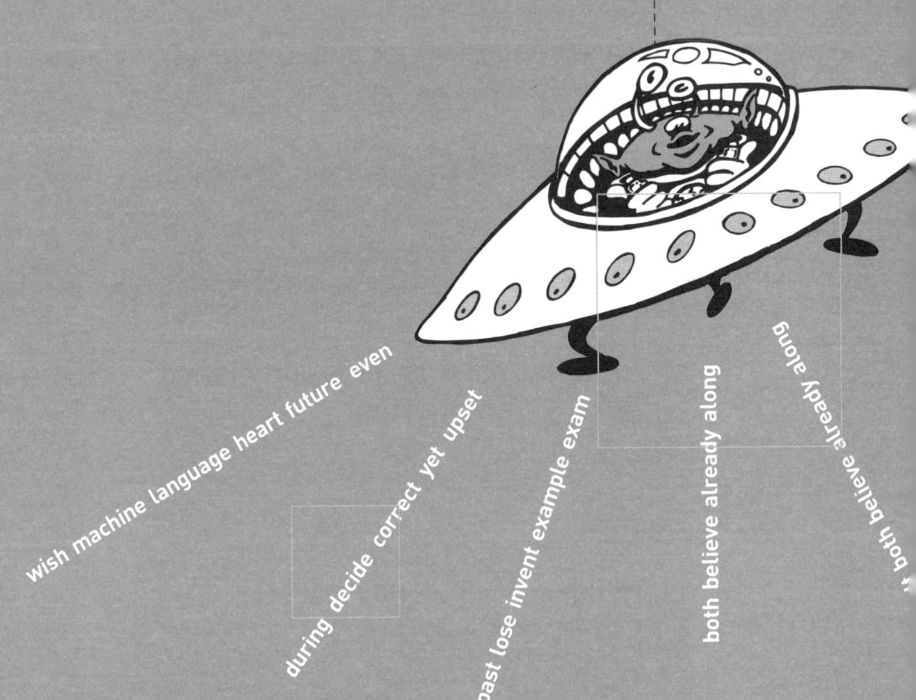

flag

3

[flæg · 플(흘)랙] 깃발

The Korean national flag is Taekukgi.

한국 국기는 태극기다.

 국기는 the national flag입니다.

---

film

3

[film · 피(휘)엄] 필름, 영화

My hobby is to watch films.

내 취미는 영화 보기이다.

 movie와 동의어입니다. film은 흔히 말하는 카메라 필름이라는 의미도 있지만, 영화라는 의미도 있습니다. '영화제'를 '필름 페스티발'이라고 도 하지요. 하지만 이때 우리나라 말로는 '필름'이라고 하지만 영어로 는 '피음'이라고 발음합니다.

---

female

3

[fíːmeil · 피(휘)메일] 여성

This is important for both females and males.

이것은 여자 남자 둘 모두에게 중요하다.

 반대말은 male이다.

---

explore

3

[iksplɔ́ːr · 익스플로어] 탐험하다

Exploring outer space is our mission.

외계를 탐험하는 것이 우리의 임무이다.

---

exist

3

[igzíst · 익지스트] 존재하다

Nothing exists on this planet.

이 행성에는 아무것도 존재하지 않는다.

3
election

[ilékʃən · **일렉션**] 선거

On Thursday, we have the presidential election.

목요일에 대통령 선거가 있다.

3
duty

[djúːti · **듀-리**] 의무

This is not your right, but duty.

이건 너의 권리가 아니라 의무야.

 면세점을 duty-free shop이라고 합니다. 여기서의 duty, 즉 의무는 세금을 뜻하고 free는 없다는 뜻입니다. 세금은 국민의 의무지요.

3
due

[djuː · **듀-**] 때문에, 덕분에

We could succeed due to his effort.

그의 노력 덕분에 우리는 성공할 수 있었다.

3
drug

[drʌg · **드럭**] 약, 마약

Don't do drugs!

마약하지 마!

 이 단어는 '약'이란 뜻도 있지만 '마약'이란 뜻도 있다. a drug store는 '약국'을 의미한다.

3
youth

[juːθ · **유-쓰**] 젊음

I was healthy in my youth.

내가 젊었을 때는 건강했다.

 in one's youth는 '젊었을 때'라는 뜻이다. when young이라고 해도 같은 뜻이 된다.

dragon

[drǽgən · 드뢔건] 용

Dragons are not real.

용은 실제하지 않는다.

'파리'는 fly라고 하고 파리 중에서도 용같이 생긴 파리, 즉 '잠자리'는 영어로 '용파리' 즉 dragonfly라고 합니다.

disaster

[dizǽstər · 디재스터] 재난

There are many disasters in Japan.

일본에는 많은 재난이 있다.

decrease

[dikríːs · 디크리-스] 감소하다

The population of Seoul is decreasing.

서울의 인구는 감소중이다.

debate

[dibéit · 디베잍] 토론(하다)

They debated about this problem.

그들은 이 문제에 대해 토론했다.

customer

[kʌ́stəmər · 카스터머] 고객

He is her customer, not mine.

그는 그녀의 고객이지 내 고객이 아니다.

'고객이 왕이다'라는 말이 있습니다. 영어로는 "Customers are always right"라고 하지요. 직역하자면 '고객이 항상 옳다' 정도가 되네요.

curtain
[kə́:rtn · **컬은**] 커튼

What's behind the curtain?
커튼 뒤에는 뭐가 있죠?

cure
[kjuər · **큐어**] 치료제; 치료하다

There is no cure for this disease.
이 질병에는 치료제가 없다.

corn
[kɔːrn · **콘—**] 옥수수

We grow corns.
우리는 옥수수를 재배한다.

'콘 스낵'은 '옥수수 스낵(corn snack)'을 가리키는 말입니다.

contain
[kəntéin · **컨테인**] 포함하다

It contains a lot of water.
그건 물을 많이 포함한다.

'컨테이너 박스'라는 말의 '컨테이너'는 container, 즉 '담는 것'을 의미하지요.

contact
[kántækt · **칸택트**] ~와 연락하다; 접촉하다

Contact his eyes.
그와 눈을 마주쳐라.

콘택트 렌즈(contact lens)라는 것이 있습니다. 안경과는 달리 눈에 접촉하여 쓰는 렌즈를 의미하지요.

3

consist

[kənsíst · 컨씨스트] ~으로 이루어지다

This food consists of nectar.

이 음식은 즙으로 구성되어 있다.

consist of와 비슷한 뜻으로는 be made up of, be composed of 등이 있다.

3

consider

[kənsídər · 컨씨더] 고려하다

Consider that a divorce!

이걸 이혼으로 여겨라!

3

conquer

[káŋkər · 캉커] 정복하다

Let's conquer vocabulary!

단어를 정복하자!

3

congress

[káŋgris · 캉그레스] 국회

The Congress passed the law.

의회가 그 법을 통과시켰다.

미국의회는 Congress, 영국의회는 Parliament, 일본의회는 Diet라고 합니다. 물론 diet의 경우 흔히 말하는 다이어트의 뜻도 있지요. 그럼 우리나라는? National Assembly입니다.

3

concentration

[kànsəntréiʃən · 칸선츄레이션] 집중

Sumin has an extraordinary concentration.

수민이는 엄청난 집중력이 있다.

extraordinary에서 ordinary는 '평범한, 보통의'라는 뜻이다. 여기에 extra-라는 접두사가 붙은 형태인데 의미는 '~이상의, 범위를 뛰어넘는'이라는 뜻이다.

3
concentrate

[kánsəntrèit · 칸선츄레잍] 집중하다

Concentrate on memorizing words.
단어 외우는 데 집중해라.

 concentration의 동사형이다. concentrate이라는 동사에 명사형 접미사 –tion이 붙은 형태다.

3
competition

[kàmpətíʃən · 캄퍼티션] 경쟁

I hate competitions.
난 경쟁을 싫어해.

3
compete

[kəmpíːt · 컴피–트] 경쟁하다

We competed with our rival in the final.
우리는 결승전에서 우리의 라이벌과 경쟁했다.

 결승전을 the finals 또는 the final game이라고 하는데, 준결승전은? a semifinal game이라고 한다.

3
compare

[kəmpɛ́ər · 컴페어] 비교하다

Don't try to compare mine with yours.
내 것을 너의 것과 비교하려 하지 마라.

3
citizen

[sítəzən · 씨리즌] 시민

Are you a U.S. citizen?
너 미국시민이냐?

 네티즌(netizen)이라는 말은 'net + citizen'을 의미합니다. 즉 인터넷 상에서의 시민을 의미하지요. 여러분들도 네티즌이신지요?

charity

[tʃǽrəti · **쵀리디**] 자선

Lisa lived her life for charity.
리사는 자선을 위해 삶을 살았다.

단어가 안 외워질 때는 억지로라도 연상기억법을 이용하는 것이 효과적일 때가 있습니다. '채림이 티를 자선단체에 기부했다'는 식으로 외우면 '채리티'는 '자선'이란 뜻이라는 것을 기억할 수 있게 됩니다.

charge

[tʃɑːrdʒ · **촤-지**] (요금 등을) 부과하다; 요금

We will provide you with lunch free of charge.
여러분에게 무료로 점심을 제공할 것입니다.

free of charge는 부담이나 요금이 없다는 뜻에서 '무료로'라는 의미로 쓰인다. for free와 같은 뜻이다. 한 단어로 하면 complimentarily다.
그리고 provide는 supply, furnish 등과 함께 4형식 동사로 착각하기 쉬운 3형식 동사로 반드시 두 번째 목적어 앞에는 전치사가 와야 한다. 즉, provide[supply, furnish…] A for B나 provide[supply, furnish…] B with A와 같이 사용해야 한다. 여기서 A에는 항상 대상이 되는 물건이 오고, B에는 그것을 받는 사람이 온다.

champion

[tʃǽmpiən · **챔피언**] 챔피언

We are the champions.
우리는 챔피언들이야.

cancer

[kǽnsər · **캔써**] 암

Cancer is a curable disease now.
암은 이제 치유 가능한 질병이다.

bored

[bɔːrd · **보어드**] 지루한

I am bored with this story.
이 이야기 지루해.

³
border

[bɔ́ːrdər · 보어러] 국경

The border between the two nations is unclear.

이 두 국가 사이의 국경은 모호하다.

국경을 맞대고 있는 국가 간에는 국경 분쟁이 일어나게 마련이지요. 우리나라와 일본에도 독도 문제가 걸려 있고, 미국과 캐나다 사이에도 예전에 국경 분쟁이 일어난 적이 있습니다. 결국은 국력이 모든 문제를 해결합니다. 단어 열심히 외워서 여러분 하나하나가 국력에 보탬이 된다면 독도 문제는 해결될 것입니다.

---

³
blame

[bleim · 블레임] 비난하다

Don't blame me.

나를 비난하지 마.

---

³
battle

[bǽtl · 배를] 전투

There was a battle around the border.

국경 근처에서 전투가 있었다.

스타크래프트는 베틀넷(battle net)에서 합니다. '전투 인터넷'이라고 직역이 되네요. 스타 많이 하지 말고 단어 하나라도 외우세요.

---

³
base

[beis · 베이스] 토대

His ability has a base.

그의 능력은 토대가 있어.

야구에서 1, 2, 3루를 first base, second base, third base라고 합니다. 각각 판이 있지요.

---

³
autumn

[ɔ́ːtəm · 어-텀] 가을(= fall)

I would like to foot autumn leaves.

나는 가을 낙엽을 밟고 싶다.

audience

[ɔ́:diəns · 어리언스] 관객

The audience applauded.

관객들이 박수쳤다.

 오디오(audio)는 '듣는 것'을 의미합니다. 그리고 오디언스(audience)는 '듣는 사람' 즉 '청중' '관객'을 의미하지요.

athlete

[ǽθli:t · 애쓸리-트] 운동선수

Famous athletes make much money.

유명한 운동선수는 돈을 많이 번다.

astronaut

[ǽstrənɔ̀:t · 애스트러넡] 우주비행사

My wife was an astronaut.

내 아내는 우주비행사였어.

 astro-, astr-는 '별, 우주'를 의미한다. 따라서 astronaut을 비롯해 astrology(점성학), astronomy(천문학) 등은 모두 별이나 우주와 관계된 단어다.

ancestor

[ǽnsestər · 앤쎄스터] 조상

I respect my ancestors.

난 조상님들을 공경한다.

aim

[eim · 에임] 목표

Aim high.

목표를 높이 잡아라.

3
adventure

[ædvéntʃər · 애드**뷀쳐**] 모험

I love to read adventure stories.
난 모험 이야기 읽는 걸 좋아한다.

3
bowl

[boul · **보울**] 사발, 공기

Put several bowls of water into the pot.
냄비 속에 물을 몇 사발 넣으시오.

'수퍼보울'이라는 미식축구 경기가 있다. 보울(bowl), 즉 사발처럼 생긴 경기장에서 하기 때문에 그런 이름이 붙여진 모양이다.

2
dull

[dʌl · **덜**] 우둔한

Are you dull or intelligent?
우둔한 거야, 머리가 좋은 거야?

'바보'를 의미하는 단어는 굉장히 많다. 그런 단어를 직접 쓸 일은 없겠지만 미국인이 얘기했을 때 알아듣기는 해야 한다. '너 바보야'라고 얘기하는데 OK, thank you라고 했다간 비웃음을 살 것이다. 바보를 나타내는 말로는 silly, dumb, idiot, fool 등이 있다.

2
dust

[dʌst · **더스트**] 먼지

There is much dust on the desk.
책상 위에 먼지가 많다.

There와 Here로 유도되는 구문에서 주어는 동사 뒤에 나오는 명사다. 따라서 동사의 수는 뒤에 나오는 명사의 수에 일치시킨다. 위 문장에서 주어는 dust이므로 단수 동사 is가 온 것이다.

2
envy

[énvi · **엔뷔**] 부러워하다

Don't envy him. He got divorced.
그를 부러워하지 마. 이혼했어.

everyone

[évriwʌ̀n · 에브리원] 모두 다

Everyone likes him.

모두가 그를 좋아해.

비슷한 뜻으로는 everybody, all이 있는데 everyone과 everybody는 항상 단수 취급을 하지만 all은 사람을 나타낼 때는 복수 취급을 하고 사물을 나타낼 때는 단수 취급을 한다. 반대말로는 no one, nobody 등이 있다.

failure

[féiljər · 페(훼)일러] 실패

Failure is a mother of success.

실패는 성공의 어머니

failure는 fail(실패하다)의 명사형이다.

forever

[fɔːrévər · 포(훠)-레붜] 영원히

Batman forever!

배트맨이여 영원하라!

동의어로는 for good, endlessly 등이 있다.

fuse

[fjuːz · 퓨(휴)-즈] 융화시키다

They are fused together.

그들은 같이 융화되었다.

퓨전음식, 퓨전음악 등이 있습니다. 이러 저러한 것을 짬뽕하여 만든 것에 퓨전이란 이름을 붙이지요.

genetic

[dʒənétik · 쥐네릭] 유전의

That is due to a kind of genetic defect.
그것은 일종의 유전적 결함에 기인한다.

단어에 gene 혹은 geno가 있으면 유전과 관계된 말이다.

gently

[dʒéntli · 젠틀리] 부드럽게

I touched the cat gently.
나는 그 고양이를 부드럽게 만졌다.

gentle은 '부드러운'을 의미하는 형용사이고 gentleman은 '부드러운 남자' 즉 '신사'를 의미한다.

geography

[dʒiágrəfi · 쥐아그러피(휘)] 지리학, 지리

She is majoring in geography.
그녀는 지리학을 전공하고 있다.

'내셔널지오그래피'라는 단체가 있습니다. 자연 다큐멘터리도 많이 찍고 동식물, 각국의 문화 등을 소개하는 잡지를 발간하기도 하는 단체입니다. 전화를 발명한 벨이 설립자 중의 한 사람입니다.

goodness

[gúdnis · 굳니스] 착함, 선량

He has the goodness to give me money.
그는 내게 돈을 줄 선량함이 있다.

graduation

[græd$ʒu$éi$ʃə$n · 그래쥬에이션] 졸업

He could get a job after graduation.

그는 졸업 후에 직업을 구할 수 있었다.

하지만 요즘은 대학교 졸업 후에도 직업을 구하지 못하는 사람들이 많습니다. 영어를 못하면 그렇게 될 확률이 더 높아지지요. 단어 열심히 공부하세요.

grant

[grænt · 그랜트] 수여하다

The academy granted him an award.

그 학회에서 그에게 상을 주었다.

graphic

[græfik · 그래픽(획)] 그림의; 그래픽

This movie has fantastic graphics.

이 영화는 그래픽이 화려해.

흔히 그래픽이 화려하다는 말을 많이 합니다. '그래픽(graphic)'은 형용사이므로 '그래피(graphy)'라고 해야 맞지 않은가, 라고 생각하실 분이 있을지 모르지만, graphic은 명사로 '시각예술작품'이란 뜻도 있습니다.

guard

[gɑːrd · 가어드] 호위(하다), 호위병

They don't need any guard.

그들은 어떤 호위병도 필요치 않다.

보디가드(bodyguard)라는 단어에도 들어있는 말입니다. 몸호위병? 아니지요. '경호원'입니다.

habitat

[hæbitæt · 해비탵] 서식지, 거주지

The hunters destroyed their habitats.

그 사냥꾼이 그들의 서식지를 파괴했다.

handicapped ²

[hǽndikæpt · 핸디캡트] 장애가 있는

They are handicapped.

그들은 장애가 있다.

바둑에서 몇 점 깔고 두는 것을 영어로 핸디캡(handicap)이라고 합니다. 장애가 있어서 깔고 두나? 아니겠지요. 실력이 낮아서 깔고 두는 것을 의미합니다.

---

heritage ²

[héritidʒ · 헤리티지] 상속, 재산, 유산

This is the American military heritage.

이것은 미군의 유산이다.

---

horror ²

[hɔ́:rər · 호어러] 공포

I hate horror **movies.**

나는 공포 영화를 싫어한다.

공포영화를 호러무비(horror movie)라고 합니다. 그럼 액션영화는? action movie죠.

---

ideal ²

[aidíːəl · 아이디얼] 이상; 이상적인

He is a person of ideals.

그는 이상을 가진 사람이다.

idea(아이디어), idol(우상)과 헷갈리지 마세요.

indoor

[índɔːr · 인도어] 실내의

Indoor activities are safe.

실내 활동은 안전하다.

 반대말은 outdoor(실외의)이다.

industry

[índəstri · 인더스트리] 산업

The car export is a major industry.

자동차 수출은 주요 산업이다.

ingredient

[ingríːdiənt · 인그리-디언트] 재료

Don't forget this ingredient.

이 재료 잊지 마.

issue

[íʃuː · 이슈-] 발행(하다)

They issued another magazine.

그들은 또 다른 잡지를 발행했다.

item

[áitəm · 아이름] 품목

This item is not for sale.

이 품목은 파는 것이 아닙니다.

knowledge

[nǽlidʒ · 날리지] 지식

Knowledge is power.

아는 것이 힘이다.

단어는 많이 알면 알수록 힘이 됩니다. 단어 실력 놀리지(knowledge) 마세요.

---

label

[léibəl · 레이블] 꼬리표, 라벨; 라벨을 붙이다

It was labeled 'danger.'

'위험'이라는 라벨이 붙어 있었다.

The injured instructor communicated with the ill impatient captain with courage.

그 부상당한 강사는 용기를 가지고 병들고 참을성 없는 선장과 대화하였다.

3

injury [índʒəri · 인저리] 부상

They got injured. 그들은 부상당했다.

 수동태는 원래 'be동사 + 과거분사'의 형태를 쓰지만 'get + 과거분사'를 써서 수동태를 나타내는 경우도 있다.

2

instructor [instrʌ́ktər · 인스트럭터] 교사, 강사

The instructor gave us a lot of homework.
그 강사는 우리에게 많은 숙제를 주었다.

3

communicate [kəmjúːnəkèit · 커뮤니케일] 의사소통하다

It is easy to communicate with him. 그와 의사소통하기 수월하다.

2

ill [il · 이얼] 병든

She was healthy but now she is ill.
그녀는 건강했었지. 근데 지금은 병들었어.

2

impatient [impéiʃənt · 임페이션트] 참을성 없는

They are all impatient. 그들 모두 참을성이 없다.

3
captain [kǽptən · **캡틴**] 선장

Captain Kim ordered the steersman to change the direction to the north.
김 선장은 조타수에게 북쪽으로 방향을 바꾸라고 명령했다.

3
courage [kə́:ridʒ · **커리지**] 용기

Courage is power. 용기가 힘이다.

The inexpensively hired cartoonist determined not to avoid any attention anymore.

그 비싸지 않게 고용된 만화가는 더 이상 어떠한 주목도 피하지 않기로 결정했다.

2
inexpensive [ìnikspénsiv · **인익스펜씨브**] 비싸지 않은

Your car is inexpensive, but speedy.
당신 차는 비싸지 않았지만 빨라.

2
hire [haiər · **하이어**] 고용하다

We hired many people. 우리는 많은 사람을 고용했다.

3
cartoonist [kɑːrtúːnist · **카어투니스트**] 만화가

He is an intelligent cartoonist. 그는 지적인 만화가다.

3
determine [ditə́ːrmin · **디터어민**] 결정하다

Determine what you will do. 당신이 뭐 할지를 결정해라.

3

avoid [əvɔ́id · 어보이드] 피하다

You cannot avoid the exam. 넌 그 시험을 피할 수 없어.

3

attention [ətén∫ən · 어텐션] 주목

Pay attention to your teachers! 너 선생님들에게 집중해라!

3

anymore [ènimɔ́:r · 에니모어] 이제부터는; 더 이상

Don't blame me anymore. 더 이상 나를 비난 하지마.

For instance, identify the idioms only with your imagination is like being embarrassed with emoticons.

예를 들어, 당신의 상상으로만 숙어를 구분하는 것은 이모티콘으로 당황해하는 것과 같다.

2

instance [ínstəns · 인스턴스] 예

For instance, playing sports is good for health.
예를 들어, 스포츠하는 것이 건강에 좋다.

참고로 instant는 '순간, 즉시'라는 뜻이다.

2

identify [aidéntəfài · 아이데너파(화)이] 식별하다, 확인하다

The dead body was identified by its belongings.
그 사체는 소지품으로 신분이 확인되었다.

identify는 두 가지의 명사형이 있다. identity와 identification이 그것인데 전자는 '정체성, 동일성'이라는 뜻이고, 후자는 '신분 증명, 신원 확인'이라는 뜻이다. 신분증이라고 하면 identification card라는 표현을 쓴다.

2

idiom [ídiəm · 이디엄] 숙어, 관용구

Memorize idioms! 숙어 외워!

idiom과 철자가 비슷한 idiot은 '천치, 바보'라는 뜻이다. 대화를 할 때 idiom을 모르면 idiot이 되기 쉽다.

2

imagination [imǽdʒənéiʃən · 이매지네이션] 상상

Imagination power is important in a modern society.
상상력은 현대사회에 있어 중요하다.

3

embarrass [imbǽrəs · 임배러스] 당황하게 하다

They are all embarrassed. 그들 모두는 당황했다.

3

emoticon [imóutikàn · 이모우티컨] (전자우편에서의) 감정표현기호

The emoticon ^^ means 'smile'. 이모티콘인 ^^는 미소를 의미한다.

emoticon은 emotion(감정)과 icon(상, 초상)이 결합된 단어입니다.

The caveman who escaped the exhibition attacked the hatched yelling at them.

전시회를 탈출해 나온 동굴맨은 부화된 것들을 소리를 지르며 공격했다.

3

cave [kéiv · 케이브] 동굴

She has been in the cave for two days. 그녀는 동굴에 이틀 있었다.

3

escape [iskéip · 이스케잎] 탈출(하다)

Did you see the movie, 'The Great Escape'?
너 '대탈주'라는 영화 봤어?

3

exhibition [èksəbíʃən · 엑서비션] 전시(회)

An international exhibition is held in the main hall.
국제 전시회 하나가 메인홀에서 열리고 있다.

3

attack [ətǽk · 어택] 공격하다; 공격

Attacking the enemy at once is the best way.
즉시 적을 공격하는 것이 최선의 길입니다.

2

hatch [hætʃ · 해취] (알을) 까다, 부화하다

The eggs were all hatched. 그 알들이 모두 부화되었다.

3

yell [jel · 이엘] 외치다

Don't yell at me! 나한테 소리치지 마!

Break a leg!
다리를 부러뜨리라고?

유학 생활을 총정리하는 졸업 발표회 당일 아침, 간단한 아침 식사를 마치고 나서는 정연을 보자 앤디는 반갑게 인사하며 한 마디를 건넸다.

Break a leg!

순간 정연의 얼굴이 벌개졌다. 지금 다리가 여럿이라도 모자랄 판인데, 다리 하나를 부러뜨리라고? 평소에 그토록 친하게 지내온 앤디가 그런 악담을 하다니! 그러나 곧 **Break a leg**이 공연이나 발표회 등을 앞둔 친구에게 하는 **'행운을 빈다'**라는 덕담이라는 걸 알고 멋쩍게 웃었다.

그런데 왜 행운을 비는 덕담이 그 모양일까? 서양에서는, 무대에 오르는 배우에게 행운을 빌면(Good luck!) 안 좋은 일이 일어난다고 생각했으며, 거꾸로 이처럼 안 좋은 일을 바라면(Break a leg!) 오히려 행운이 온다고 믿었다.

출처 : 『한국인이 가장 오해하기 쉬운 현지영어표현』(최정화 지음)

I. 다음 빈칸에 알맞은 단어를 넣어 문장을 완성하시오.

1. 나한테 소리지르지 마!

   Don't ＿＿＿＿＿＿ at me!

2. 한국의 **산업**은 **영원**하다.

   The Korean ＿＿＿＿＿ is ＿＿＿＿＿.

3. 이 **품목**은 비싸다.

   This ＿＿＿＿＿ is expensive.

4. 그 **운동선수**는 그들의 **공격**을 **피했다**.

   The ＿＿＿＿＿ ＿＿＿＿＿ their ＿＿＿＿＿.

5. 나를 **부러워**는 해도 **비난**하지는 마.

   Just ＿＿＿＿＿ me, not ＿＿＿＿＿ me.

6. 우리 **조상**들은 **참을성이 없지** 않았다.

   Our ＿＿＿＿＿s are not ＿＿＿＿＿.

7. 이 **우주비행사**는 많은 **지식**이 있다.

   This ＿＿＿＿＿ has a lot of ＿＿＿＿＿.

8. **가을**에 그 회사는 많은 사람을 **고용할** 것이다.

   In ＿＿＿＿＿, the company will ＿＿＿＿＿ many people.

9. 그 **시민**은 자신의 **실패**를 받아들이지 못했다.

   The ＿＿＿＿＿ couldn't accept his ＿＿＿＿＿.

10. 그의 **목표**는 암을 치유하는 것이다.

    His ＿＿＿＿＿ is to cure ＿＿＿＿＿.

II. 다음의 영어와 우리말 뜻을 바르게 연결하시오.

1. audience	•	① 유전적인
2. compete	•	② 탈출하다
3. courage	•	③ 동굴
4. cave	•	④ 먼지
5. border	•	⑤ 부상
6. gently	•	⑥ 청중
7. genetic	•	⑦ 용기
8. charity	•	⑧ 부드럽게
9. dust	•	⑨ 자선
10. injury	•	⑩ 국경, 경계
11. escape	•	⑪ 경쟁하다
12. attention	•	⑫ 주목

Answer

I. 1. yell 2. industry / forever 3. item 4. athlete / avoided / attack 5. envy / blame 6. ancestor / impatient 7. astronaut / knowledge 8. autumn / hire 9. citizen / failure 10. aim / cancer

II. 1. ⑥ 2. ⑪ 3. ⑦ 4. ③ 5. ⑩ 6. ⑧ 7. ① 8. ⑨ 9. ④ 10. ⑤ 11. ② 12. ⑫

2|3학년 교과서
2종 이상 출현 단어 2

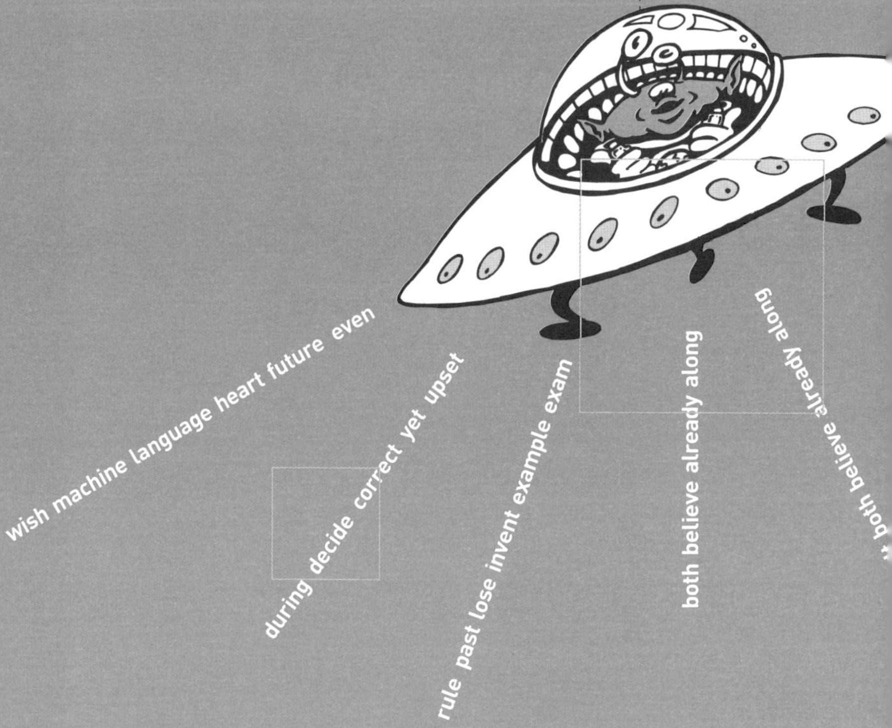

wish machine language heart future even
during decide correct yet upset
rule past lose invent example exam
both believe already along
both believe already along

lack

[læk · 을랙] 부족한 것, 결핍

The lack of food is the most serious problem.
식량 부족이 가장 심각한 문제다.

landscape

[lǽndskèip · 을랜스케잎] 풍경

The landscape here is terrific.
이곳의 풍경은 굉장해.

laughter

[lǽftər · 을래프(흐)터] 웃음

Professor Kim has a strange laughter.
김 교수님은 이상한 웃음을 갖고 있다.

laughter는 laugh(웃다)의 명사형이다.

lean

[li:n · 을린-] 기대다

Don't lean on the wall.
벽에 기대지 말아라.

liberty

[líbərti · 을리버디] 자유

Give me liberty or death!
나에게 자유가 아니면 죽음을 달라!

lightning²

[láitniŋ · 을라잍으닝] 번개

Don't be afraid of lightning.

번개를 두려워하지 마라.

 lightning은 철자에 주의해야 합니다. lighten(밝히다, 비추다)에 -ing 가 붙은 형태로 착각하기 쉬운데 e가 없습니다.

---

locate²

[lóukeit · 로우케잍] 위치하다

The building is located in a big city.

그 빌딩은 도시에 위치해 있다.

 영화를 촬영할 때 해외 올로케 촬영이라는 것이 있습니다. 일본에서 건너온 영어 같은데, 여기서의 '로케'는 location(위치)을 줄인 말입니다. 모든 촬영지가 전부 해외인 촬영을 의미합니다.

---

loudly²

[láudli · 라우들리] 큰소리로

Please speak loudly.

큰 소리로 얘기해줘.

---

lunar²

[lú:nər · 루-너] 달의, 음력의

Koreans depended on the lunar calendar.

한국인들은 음력에 의존했었다.

 moon의 형용사형이다. sun의 형용사는 solar다.

lung

[lʌŋ · 을렁] 폐

There are two lungs in a human body.
인간의 몸에는 폐가 두 개 있습니다.

lung cancer는 '폐암'이라는 단어입니다.

---

magical

[mǽdʒikəl · 매지컬] 마술의

Harry Potter has a magical power.
해리포터는 마법의 힘을 갖고 있습니다.

magical은 magic(마술)에 형용사형 접미사 –al이 붙은 형태이다.

---

magician

[mədʒíʃən · 머지션] 마술사

Everyone can be a magician.
누구나 마술사가 될 수 있습니다.

---

marriage

[mǽridʒ · 매리지] 결혼

Please come to my marriage tomorrow.
내일 제 결혼식에 오세요.

---

mess

[mes · 메스] 어질러진 것

Your room is a mess.
네 방은 쓰레기장이다.

2
metal
[métl · 메를] 금속

Metal is heavier than paper.
금속이 종이보다 무겁다.

헤비메탈(heavy metal) 음악이란 것이 있습니다. 직역하자면 '무거운 금속'인데, 무거운 금속이 부딪쳐서 나는 소리로 음악을 만드나 봅니다.

2
microphone
[máikrəfòun · 마이크러폰(혼)] 확성기

Don't use this microphone!
이 확성기 쓰지 마!

흔히 말하는 '마이크'는 바로 이 단어를 줄여서 쓰는 말입니다.

2
mine
[main · 마인] 나의 것; 광산

His house is near mine.
그의 집은 나의 집 근처다.

2
miner
[máinər · 마이너] 광부

He is a natural-born miner.
그는 타고난 광부다.

단어에 -er을 붙여 사람을 의미하는 단어를 만드는 경우가 많다. 'teach하는 사람'은 teacher가 되고 'learn하는 사람'은 learner가 되는 것이다.

2

mirror

[mírər · **미러**] 거울

Children are the mirror of their parents.

아이들은 부모의 거울이다.

차량용어 중에 '백미러'는 잘못된 영어입니다. rear-view mirror라고 해야 합니다. '뒤쪽을 보는 거울' 정도로 해석이 되네요.

2

necklace

[néklis · **넥리스**] 목걸이

He bought me an expensive necklace.

그는 나에게 비싼 목걸이를 사줬다.

neck(목)에다 하는 레이스라서 '목걸이'라는 뜻이 되었나 봅니다.

2

neglect

[niglékt · **니글렉트**] 무시하다

Hey, don't neglect my opinion!

야, 내 의견 무시하지 마!

2

net

[net · **넽**] 그물, 통신망

There are many people on the net.

인터넷에 사람들이 많다.

인터넷(the Internet)이라는 단어에 있는 net이지요. 단어를 풀어 보자면 'inter(서로) + net(그물)' 즉 '서로 엉킨 그물'을 의미하죠.

2

none

[nʌn · **넌**] 그 어느것도 ~않다

None can follow the plane.

그 어느것도 비행기를 따라올 수 없다.

사물은 none, nothing을 쓰지만, 사람에 해당하는 단어는 no one 혹은 nobody다.

opportunity

[àpərtjúːnəti · 아퍼튜니디] 기회

You can have job opportunities here.

여기서 직업을 얻을 기회를 가질 수 있습니다.

opportunity는 chance와 동의어다.

---

outdoor

[áutdɔ̀ːr · 아웃도어] 실외의

They prefer outdoor activities.

그들은 실외 활동을 선호한다.

out + door 즉 '문밖'이라는 뜻이기 때문에 '실외'가 되고, 반대말 indoor는 in + door, 즉 '문 안'이라는 뜻이기 때문에 '실내의'라는 형용사가 된다. 각각의 부사형은 out-doors, indoors로 뒤에 −s만 하나 붙이면 된다.

---

oxygen

[áksidʒən · 악시전] 산소

She is, so-called, an oxygen-like woman.

그녀는 이른바 산소 같은 여자이다.

세제 중에 '옥시크린(Oxyclean)'이란 것이 있습니다. 산소 같이 깨끗하게 해주는 세제라는 뜻인 모양입니다.

Pacific

[pəsífik · 퍼시픽(휙)] 태평양

The Pacific Ocean is huge.

태평양은 크다.

palm

[pɑːm · **파엄**] 손바닥

He showed me his palm.

그는 자신의 손바닥을 내게 보여주었다.

차인표가 주연했던 영화 중에 「아이언 팜(Iron Palm)」이라는 영화가 있지요. '철손바닥'이라고 해석이 되는데 무협소설 같은 데서 많이 나오는 '철사장' 쯤이 되겠네요.

passport

[pǽspɔːrt · **패스포어트**] 여권

I don't have my passport with me.

지금 나한테 여권 없어.

pass는 '통과하다' 라는 의미이고, port는 '항구'를 뜻합니다. 즉, 항구를 통과하는 데 필요한 것을 의미하지요. 옛날에는 공항은 없었을 테고 항구를 통해서 다른 나라를 가는 경우가 많았을 테지요.

path

[pæθ · **패쓰**] 길

This is the path to the king of vocabulary.

이것이 단어왕이 되는 길이다.

단어왕이 되는 길? 그런 게 있으면 얼마나 좋겠습니까마는 꾸준함이 관건인 듯합니다. 열심히 외우세요!

peaceful

[píːsfəl · **피-스펄(훨)**] 평화스러운

We looked down the peaceful town on the hill.

우리는 언덕 위에서 평화스러운 마을을 내려다 봤다.

'그린피스(greenpeace)당' 이라는 것이 있습니다. green은 깨끗한 환경을 상징하는 색이고 peace는 평화이므로 우리말로 '환경평화당' 정도가 될 듯합니다.

performance

[pərfɔ́ːrməns · 퍼포(호)어먼스] 공연

There are many people in the performance.

그 공연에는 사람들이 많이 있다.

personality

[pə̀ːrsənǽləti · 퍼어스낼리디] 성격

His personality is different from mine.

그의 성격은 내 성격과 다르다.

 person에서 나온 단어입니다. 즉 사람의 성격을 의미하지요. 사물이나 다른 것들의 성격은 보통 characteristic이란 말을 씁니다.

portable

[pɔ́ːrtəbl · 포어러블] 휴대용의

The laptop computer is portable.

노트북 컴퓨터는 휴대용이다.

 port는 현재 '항구'라는 뜻으로 쓰이지만 원래 '이동하다' 정도의 의미였던 것 같습니다. 이 단어가 '이동가능한'이란 의미를 가지고 있으니까요.

positive

[pázətiv · 파저리브] 긍정적인

It has some positive effects.

그것은 몇몇 긍정적인 효과를 갖고 있다.

practical

[prǽktikəl · 프랙티컬] 실용적인

You have to learn practical English expressions.

실용적인 영어 표현을 배워야 한다.

proof

2

[pru:f · 프루-프(흐)] 증거

There is no proof that he killed her.

그가 그녀를 죽였다는 증거는 없다.

동의어로는 evidence가 있다.

protein

2

[próuti:n · 프로우틴] 단백질

This food has much protein.

이 음식은 단백질을 많이 함유하고 있다.

prove

2

[pru:v · 프루-브] 증명하다

They have tried to prove this theory.

그들은 이 이론의 증명을 시도해 왔다.

"Prove it!"이라고 하면 "증명해봐!" 정도의 의미가 됩니다.

rarely

2

[réərli · 뤠얼리] 드물게

She rarely eats meat.

그녀는 고기를 드물게 먹는다.

동의어로 scarely, seldom 등이 있다.

recent

2

[rí:snt · 뤼-슨트] 최근의

Recent technologies are quite amazing.

최근의 기술은 꽤 놀랄 만하다.

refuse

[rifjúːz · 리퓨(휴)즈] 거절하다

The company refused my proposal.

그 회사는 내 제안을 거절했다.

regard

[rigáːrd · 리가어드] ~라고 여기다

He regarded me as an angel.

그는 나를 천사로 여겼다.

 동의어로는 consider, think of 등이 있다.

relation

[riléiʃən · 릴레이션] 관계

The relation between Korea and China got worse.

한국과 중국의 관계가 악화되었다.

 relate는 '관계짓다'라는 동사입니다. relative는 '관계있는 사람'이란 뜻이 되어 '친척'을 의미하지요. "Are you two related?"라고 하면 "너희 둘 관계있냐?"는 뜻이 아니라 "너희 둘이 친척이냐?"는 질문이 되지요.

remind

[rimáind · 뤼마인드] 생각나게 하다

This movie reminded me of her.

이 영화는 그녀를 생각나게 했다.

 re-는 '다시'를 뜻하고 mind는 '마음'이므로 '다시 마음을 먹게하다'는 뜻이 되어 '생각나게 하다'는 의미가 되었다.

remove

[rimúːv · 뤼무-브] 옮기다, 제거하다

You should remove undesirable elements.
바람직하지 않은 요소들은 제거해야 한다.

re–는 '다시'라는 뜻이고 move는 '움직이다'라는 뜻이므로 '다시 움직이다' 즉 '옮기다/제거하다'는 뜻이 되었다.

rent

[rent · 뤤트] 임대료; 빌리다

How much does it cost to rent a car?
차 렌트하는 데 얼마 들죠?

require

[rikwáiər · 리콰이어] 요구하다

Memorizing words requires patience.
단어 암기는 인내심을 요구한다.

비슷한 말로 ask가 있지만, 약간의 차이가 있다. ask는 '요청하다'로 그 강도가 덜한데 비해 require는 좀더 강제적으로 '요구하다'의 의미가 있다.

rescue

[réskjuː · 뤠스큐] 구출, 구조(하다)

They were rescured by the firefighter.
그들은 그 소방수에 의해 구출되었다.

예전에 우리나라에서 방영했던 TV 프로그램 중에 '긴급구조 119'라는 것이 있었습니다. 그와 비슷한 프로그램이 미국에 있는데 'Rescue 911'이라는 프로그램이지요. '구조 911' 정도로 직역이 되네요.

reservation

[rèzərvéiʃən · 뤠저붸이션] 예약

He made a reservation for the concert.
그는 그 콘서트를 예약했다.

²
reunion
[riːjúːnjən · 리유니언] 재결합

This is the first family reunion in two years.

이번이 2년 만의 첫 가족 재회다.

 union은 합쳐진 것을 의미합니다. The Labor Union은 '노동조합'을 의미하지요.

---

²
rough
[rʌf · 뤄프(흐)] 거친

The surface of Mars is rough.

화성의 표면은 거칠다.

 이 단어는 tough와 철자와 의미가 상당히 유사합니다. rough는 실제로 만져 봐서 느낄 수 있는 거친 느낌을 의미하고, tough는 실제로 만지는 느낌보다는 사람의 성격이나 일이 거칠다고 할 때 쓰는 표현입니다.

---

²
ruin
[ruːin · 우루인] 망치다

Don't ruin my homework!

내 숙제 망치지 마!

---

²
scan
[skæn · 스캔] 자세히 조사하다, 대충 훑어보다

Please scan this passage.

이 문단을 훑어보세요.

 컴퓨커 주변기기 중에 스캐너(scanner)라는 것이 있습니다. 사진 등을 훑어 읽어 저장하는 도구지요.

2
scary

[skέəri · 스케어리] 무서운

He is not scary at all.
그는 전혀 안 무섭다.

scary는 scare(무섭게하다)의 형용사형이다.

2
select

[silékt · 씰렉트] 고르다

Please select just one.
딱 하나만 고르세요.

2
senior

[síːnjər · 씨-니어] 연장자

We should respect our seniors.
우리는 연장자들을 존경해야 합니다.

간혹 '선배'를 영어로 뭐라고 할까? 하고 질문하면 이 단어를 이야기하는 학생들이 있습니다. 선배는 영어로 없습니다. 영어권 문화에서는 '선배'라는 개념 자체가 없습니다. 전부 동료지요.

2
sensitive

[sénsətiv · 쎈서리브] 민감한

Jamie is very sensitive to this problem.
제이미는 이 문제에 아주 민감하다.

sense는 '감각'이란 뜻이고 sensitive는 이의 형용사형입니다. sense의 또 다른 형용사로는 sensible이 있는데 '분별력이 있는, 지각 있는'이라는 뜻이다.

2
shout

[ʃaut · 샤우트] 소리치다

My teacher shouted at me.
선생님이 나에게 소리쳤다.

sigh

[sai · 싸이] 한숨을 쉬다

Don't sigh in front of me.

내 앞에서 한숨 쉬지 마라.

silent

[sáilənt · 싸일런트] 조용한

You have a right to remain silent.

당신에게는 묵비권이 있다.

「양들의 침묵(The Silence of the Lambs)」이란 영화가 있습니다. 여기서의 silence는 '침묵'을 의미하는 명사이고 이의 형용사는 silent입니다.

skip

[skip · 스킾] 건너 뛰다

It is not good to skip meals.

식사를 거르면 좋지 않다.

'밥을 거른다'는 표현을 할 때 쓰는 동사입니다.

slowly

[slóuli · 슬로울리] 느리게

Finish your homework slowly.

천천히 숙제를 끝내라.

slowly는 slow(느린)의 부사다. 대개 −ly로 끝나는 단어는 부사인 경우가 많은데 항상 그런 것은 아니니 주의해야 한다. 형용사에 −ly가 붙으면 부사지만, 명사나 동사에 −ly가 붙으면 형용사가 된다는 점을 기억하기 바란다.

specific

[spisífik · 스퍼씨픽(휙)] 구체적인

Give me a specific example!

나에게 구체적인 예를 줘 봐.

spill
2

[spil · 스피얼] 쏟다, 엎지르다

It is of no use to cry over spilt milk.
엎질러진 우유 때문에 울어봤자 소용없다.

spill은 불규칙 동사로 변화형은 spill-spilt-spilt이다.

spin
2

[spin · 스핀] 회전시키다

Spinning is important in billiards.
당구에서는 회전시키는 것이 중요하다.

당구나 야구에서 공에 스핀을 먹인다는 말을 합니다. 이때의 '스핀'이 바로 spin입니다.

statement
2

[stéitmənt · 스테일먼트] 진술, 성명

I do not agree with the following statement.
나는 아래 진술에 동의하지 않는다.

statement는 state(말하다, 진술하다)에 명사형 접미사 -ment가 붙은 형태이다.

steam
2

[sti:m · 스팀-] 증기

A steam boat is going up the river.
증기선 한 척이 강을 거슬러 올라가고 있다.

'스팀 받았다'는 표현은 '증기를 받았다'는 뜻이고 한마디로 '열 받는 다'는 표현이지요. 아무리 단어 외우는 것이 고달프고 힘든 작업이라 할지라도 steam받지는 마세요.

²
supply
[səplái · 써플라이] 공급하다

They supplied water.
그들은 물을 공급했다.

컴퓨터 부품 중에 '파워 서플라이(power supply)'라는 것이 있습니다. '전원공급장치'입니다.

---

²
symbolize
[símbəlàiz · 씸벌라이즈] 상징하다

A cow symbolizes a hardworking Korean.
소는 열심히 일하는 한국인을 상징한다.

심볼(symbol)은 '상징'이라는 뜻의 명사이고, 동사는 symbolize,(~을 상징하다) 형용사는 symbolic(~을 상징하는)입니다. 이의 동사형입니다.

---

²
terribly
[térəbli · 테러블리] 지독히

It is terribly wrong.
그건 지독히 잘못되었다.

원래 terror는 '공포, 두려움'이라는 뜻이고 terribly는 '공포스럽게, 두렵게'라고 해석이 되므로 '지독히, 무시무시하게'의 의미를 갖게 됩니다.

---

²
thrill
[θril · 쓰뤼얼] 스릴을 느끼게하다

I am thrilled.
나는 스릴을 느꼈다.

'스릴과 공포'를 느끼는 납량특선 영화들이 있습니다. 예전에 방영했던 「엑스파일(the X-Files)」이 그런 류에 해당이 됩니다.

²
till
[til · 틸] (시간) ~까지

Study hard till the end of this month.
이달 말까지 공부 열심히 해라.

till은 until의 구어체다.

---

²
unclear
[ʌnklíər · 언클리어] 명백하지 않은

Your explanation is unclear.
당시의 설명이 분명하지 않습니다.

nuclear(핵)라는 단어와 헷갈리지 마세요. 정말 헷갈립니다.

---

²
unfortunately
[ʌnfɔ́ːrtʃənətli · 언포(호)-처닐리] 불행하게도

Unfortunately, I have no parents.
불행하게도, 나는 부모님이 안 계시다.

fortune은 '운'이라는 뜻이고 fortunately는 '운좋게도'이다. 여기에 반대말을 만드는 접두사 un-이 붙어서 '불운하게도'라는 뜻이 되었다.

---

²
unknown
[ʌnnóun · 언노운] 알려지지 않은

This is an unknown fact.
이것은 알려지지 않은 사실이다.

known(알려진)에 반대말을 만드는 접두사 un-이 붙은 형태이다.

²
vision

[víʒən · **뷔전**] 시력, 통찰력

The president suggested a new vision.
그 회장은 새로운 비전을 제시했다.

auditory(청각의)의 반대말이 visual(시각의)이고, 이의 명사형이 vision이다.

²
vote

[vout · **보웉**] 투표(하다)

They earned the right to vote.
그들은 투표할 권리를 얻었다.

²
warn

[wɔːrn · **워언**] 경고하다

He warned me not to go there.
그는 거기에 가지 말라고 나에게 경고했다.

변전소나 군부대 근처에 보면 철조망에 'Warning!'이라는 표지판이 걸려 있는 걸 보신 적이 있으신지요. '경고!'의 의미입니다.

²
widely

[wáidli · **와이들리**] 넓게

This theory is widely known.
이 이론은 넓게 알려져 있다.

와이드 TV는 폭이 넓은 TV를 의미합니다.

²
eager

[íːgər · **이-거**] 열망하는

He was eager to contact me.
그는 나에게 연락을 취하려고 갈망했다.

effective

[iféktiv · 이펙(풰)티브] 효과적인

Telling the truth is effective.
진실을 이야기하는 것은 효과적이다.

effective는 effect(효과; 초래하다)의 형용사인데, efficient(효율적인)도 또 다른 형용사이다.

emotion

[imóuʃən · 이모우션] 감정

Thomas has various emotions.
토마스는 다양한 감정을 가지고 있다.

endure

[indjúər · 인듀어] 참다

It is hard to endure your word.
네 말은 참기 힘들다.

environmental

[invàiərənméntl · 인봐이언멘틀] 환경의

The environmental pollution is a serous problem.
환경오염은 심각한 문제다.

establish

[istǽbliʃ · 이스태블리쉬] 설립하다

The organization was established in April.
그 조직은 4월에 설립되었다.

동의어로는 build, set up 등이 있다.

²
evidence

[évədəns · 에뷔던스] 증거

There is evidence you cannot deny.
당신이 부정할 수 없는 증거가 있습니다.

동의어로 proof가 있다.

---

²
extend

[iksténd · 익스텐드] 연장하다

Will you extend the expiration date?
기한일을 연장해주시겠어요?

---

²
force

[fɔːrs · 포(호)어스] 강요하다; 힘

May the force be with you!
포스가 함께 하길! (스타워즈 대사)

한 문장 암기로 단어 깡그리 외우기

The retired unique man has the responsibility for digging the resources in the rock layers.

그 퇴임한 독특한 남자는 바위 층에 있는 자원을 파내는 데에 책임이 있다.

2

retire [ritáiər · 리타이어] 퇴직하다

He is a retired police officer.   그는 퇴직한 경관이다.

2

unique [ju:ní:k · 유-닉] 유일한, 독특한

He is a unique man.   그는 독특한 사람이다.

2

responsibility [rispànsəbíləti · 리스판서빌리디] 책임

He has the responsibility for the accident.
그는 그 사고에 책임이 있다.

2

dig [dig · 딕] (땅을) 파다

Reporters' work is to dig up information.
기자의 일은 정보를 캐내는 것이다.

2

resource [rí:sɔ:rs · 리-쏘어스] 자원

Korea lacks natural resources.   한국은 천연 자원이 부족하다.

2

layer [léiər · 을레이어] 층(層)

This rock was in the lower layer.   이 돌은 아래쪽 층에 있었습니다.

2

surprised [sərpráizd · 써프라이즈드] 놀란

She was surprised by my gift. 그녀는 내 선물에 놀랐다.

2

passerby [pǽsərbái · 패써바이] 지나는 사람, 행인

There are many passersby. 통행인이 많았다.

2

encourage [inkə́:ridʒ · 인커리쥐] 용기를 북돋우다

Encouraging each other is important.
서로 용기를 주는 것은 중요하다.

2

tradition [trədíʃən · 추러디션] 전통

Watching TV after dinner is my family tradition.
저녁식사 후 텔레비전을 보는 것은 가족의 전통이다.

2

treatment [trí:tmənt · 추릴먼트] 대우, 치료

He received a better treatment this time.
그는 이번에는 더 나은 대우를 받았다.

2

operate [ápərèit · 아퍼레잍] 수술하다, 작동하다

It is impossible to operate this machine.
이 기계는 작동하는 것이 불가능하다.

mystery [místəri · 미스터리] 신비

This animal's existence is a mystery.
이 동물의 존재는 미스테리다.

ladder [lǽdər · 을래더] 사다리

Use the long ladder there. 거기 긴 사다리 이용해.

call someone names

이름 부르는 것 갖고 싸우다니?

따사로운 봄날 기향은 아기를 데리고 동네 공원으로 산책을 나갔는데 건너편 벤치에
서 젊은 엄마 둘이 언쟁을 벌이는 모습이 보였다. 미국에 온 지 얼마 안 된 탓도 있지만
미국 사람들이 공공 장소에서 싸우는 모습을 처음 본 기향은 맞은편에 앉아 귀를 기울
였다. 한 엄마가 상대 엄마에게 이렇게 소리치는 거였다.

Your son keeps **calling my son names**.

아니, 자기 아들 이름 부르는 것 갖고도 싸우나? 기향이에게는 별 것 아닌 것 같지만 이
두 엄마가 다투는 데는 분명 이유가 있을 텐데…. 고개를 갸우뚱거리며 집으로 돌아와
사전을 찾아보니 **call someone names**는 '〜에게 욕을 하다'라는 뜻이었
다. 그러니까 "댁의 아들이 우리 아들한테 계속 욕을 한다"고 소리친 거였다.
참고로 '〜의 이름을 부르다'는 call one's name으로 표현한다.

출처 : 「한국인이 가장 오해하기 쉬운 현지영어표현」(최정화 지음)

# Exercise Test

I. 다음 빈칸에 알맞은 단어를 넣어 문장을 완성하시오.

1. **음력** 정월 초하루

   The _________ New Year's Day

2. 이 **거울은 무섭다.**

   This _________ is _________.

3. 그 **알려지지 않은 광산은** 내 것이다.

   The _________ _________ is _________.

4. 많은 **구체적** 이유들이 있다.

   There are many _________ reasons.

5. **평화로운 풍경**

   The _________ _________

6. **효과적인 구조였는지 불분명**하다.

   It is _________ that it was a(n) _________ _________.

7. **실용적인** 책이 좀 있다.

   There are some _________ books.

8. **민감한** 문제들은 **제거해라.**

   _________ _________ issues.

9. **천천히** 내려와.

   Step down _________.

10. **결혼은** 나에게 중요치 않아.

    The _________ is not important to me.

II. 다음의 영어와 우리말 뜻을 바르게 연결하시오.

1. supply	•	① 기대다
2. lung	•	② 자유
3. recently	•	③ 웃음
4. outdoor	•	④ 공급하다
5. spill	•	⑤ 손바닥
6. require	•	⑥ 조용한
7. silent	•	⑦ 폐
8. laughter	•	⑧ 실외의
9. lean	•	⑨ 최근에
10. liberty	•	⑩ 요구하다
11. select	•	⑪ 엎지르다
12. palm	•	⑫ 선택하다

Answer

I. 1. lunar 2. mirror / scary 3. unknown / mine / mine 4. specific 5. peaceful / landscape
6. unclear / effective / rescue 7. practical 8. remove / sensitive 9. slowly 10. marriage

II. 1. ④ 2. ⑦ 3. ⑨ 4. ⑧ 5. ⑪ 6. ⑩ 7. ⑥ 8. ③ 9. ① 10. ② 11. ⑫ 12. ⑤

미리 보는
고교 영단어

1 | 서로 혼동하기 쉬운 단어들

2 | 여러 가지 뜻을 가진 단어들

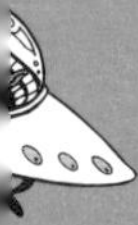

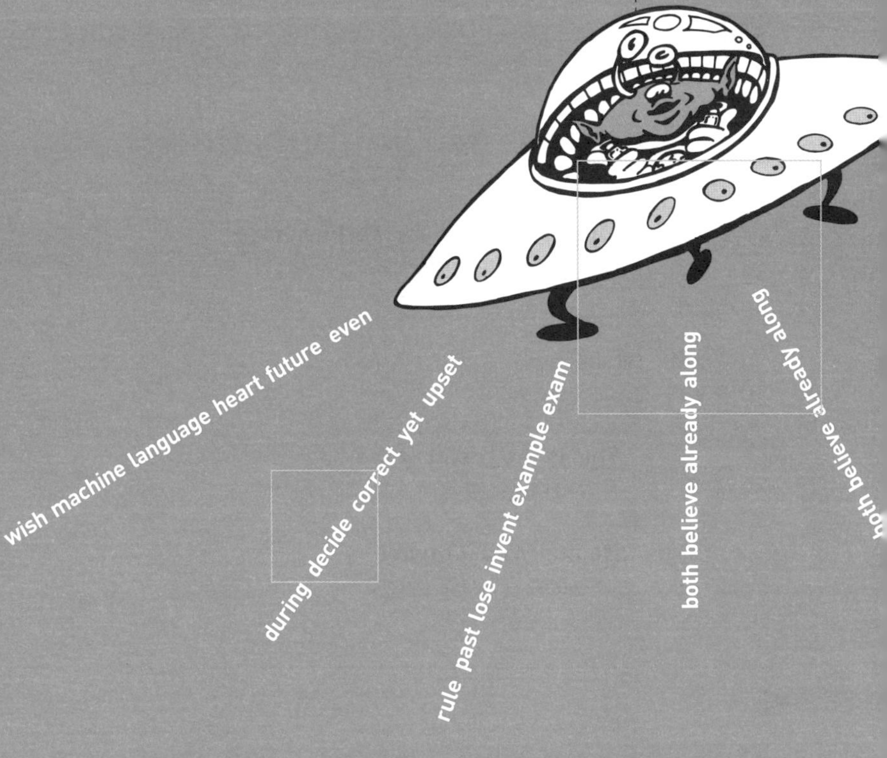

adapt [ədǽpt] 적응하다
adopt [ədάpt] 양자로 삼다, 채택하다

He wanted to adapt to the new society.
그는 새로운 사회에 적응하기를 원했다.

The school adopted a new policy.
그 학교는 새로운 정책을 채택했다.

affect [əfékt] 영향을 주다
effect [ifékt] 효과, 영향

TV has affected people's behavior positively.
TV는 사람들의 행동에 긍정적으로 영향을 끼쳐왔다.

TV has some positive effects on people's behavior.
TV는 사람들의 행동에 몇몇 긍정적인 영향을 끼친다.

alive [əláiv] 살아 있는
live [láiv] 생생한

They are alive.
그들은 살아 있다.

They attended a live performance.
그들은 라이브 공연에 참석했다.

analysis [ənǽləsis] 분석
analyze [ǽnəlàiz] 분석하다

This is the result of the final analysis.
이것이 최종 분석 결과다.

He analyzed it finally.
그는 이것을 최종적으로 분석했다.

bald [bɔːld] 대머리의
bold [bould] 용감한

> **The new English teacher is bald.**
> 새로운 영어 선생님은 대머리다.
>
> **The new English teacher is bold.**
> 새로운 영어 선생님은 용감하다.

beard [biərd] 턱수염
mustache [mʌ́stæʃ] 콧수염

> **He has nice beard and mustache.**
> 그는 근사한 턱수염과 콧수염이 있다.

beside [bisáid] ~옆에
besides [bisáidz] 게다가

> **Besides, there is a dog beside him.**
> 게다가 그의 옆에는 개도 있다.

blush [blʌʃ] (얼굴을) 붉히다
brush [brʌʃ] 붓, 솔

> **The woman with a brush blushed.**
> 붓 가진 여인이 얼굴을 붉힌다.

bow [bou] 활
bow [bau] 절; 절하다

> **They bowed and took the bow.**
> 그들은 절을 하고 그 활을 집었다.

brake [breik] 브레이크
break [breik] 부수다

> **The brake of my car is broken.**
> 내 차의 브레이크가 부서졌어.

carton [káːrtn] 종이 판지, (담배) 보루
cartoon [kɑːrtúːn] 만화

The cartoonist bought a carton of cigarette.
그 만화가는 담배 한 보루를 샀다.

carve [kɑːrv] 조각하다
curve [kəːrv] 곡선

The carved curve is fantastic.
조각된 곡선은 환상적이다.

cloth [klɔːθ] 천
clothes [klouz] 옷
clothing [klóuðiŋ] 의복, (의식주에서의) 의

Jamie bought some clothes.
제이미는 옷을 좀 샀다.

Clothing, food and housing are the requisites of our life.
의식주는 우리 삶에서 없어서는 안 될 것들이다.

collar [kálər] 깃
color [kʌlər] 색

The color of the collar is white.
그 옷깃의 색은 하얀색이다.

conscience [kánʃəns] 양심
conscientious [kànʃiénʃəs] 양심적인
conscious [kánʃəs] 의식[자각]하고 있는 ; 지각[의식] 있는
consciousness [kánʃəsnis] 자각, 의식

It depends on your conscience.
그것은 당신의 양심에 달려 있다.

He is too conscientious to do such a thing.
그는 그런 짓을 하기에는 너무 양심적이다.

The conscious would not ignore it.
지각 있는 사람들이라면 그것을 무시하지 않을 것이다.

considerable [kənsídərəbl] 상당한
considerate [kənsídərət] 사려 깊은

The **considerate** man is **considerably** handsome.
그 사려 깊은 남자는 상당히 잘생겼다.

contempt [kəntémpt] 모욕, 치욕
contend [kənténd] 다투다, 경쟁하다
content [kántent] 내용, 목차

I can't stand this **contempt** anymore.
나는 이런 모욕을 더 이상 참을 수 없어.

The **content** of this book is unbelievable.
이 책의 내용은 엄청나다.

continuous [kəntínjuəs] 계속적인
continual [kəntínjuəl] 반복되는

The **continual** sound is harsh to the ear.
반복되는 소리가 귀에 거슬린다.

The village was flooded due to the **continuous** rain.
그 마을은 계속되는 비로 홍수가 났다.

crash [kræʃ] 충돌(하다)
crush [krʌʃ] 눌러 부수다

Due to the **crash**, it **was crushed**.
그 충돌 때문에 이것은 부서졌다.

daily [déili] 매일의
dairy [déəri] 낙농업
diary [dáiəri] 일기(장)

I wrote down **daily dairy** trends in my **diary**.
나는 내 일기장에 매일의 낙농 경향을 적어놓았다.

decease [disíːs] 사망
disease [dizíːz] 질병

His decease is due to this disease.
그의 사망은 이 질병 때문이다.

---

desert [dézərt] 사막
desert [dizə́ːrt] 버리다, 탈영하다
dessert [dizə́ːrt] 디저트

I will have a cup of coffee for dessert.
나는 디저트로 커피를 하겠습니다.

That old machine was deserted in the desert area
그 낡은 기계는 사막 지역에 버려졌다.

---

draw [drɔː] 그리다; 당기다
throw [θróu] 던지다

He threw away his drawing.
그는 자신의 그림을 버렸다.

---

economic [ềkənámik] 경제의, 경제학의
economical [ềkənámikə] 경제적인, 값이 싼

The country has recorded over 10% of the economic growth every year for the past ten year.
그 나라는 지난 10년 동안 매년 10퍼센트 이상의 경제성장률을 기록했다.

Renting this car is more economical.
이 차를 대여하는 것이 더 경제적이다.

---

evolution [ềvəlúːʃən] 진화, 진전
revolution [rèvəlúːʃən] 혁명

This evolution theory is revolutionary.
이 진화이론은 혁명적이다.

favorable [féivərəbl 호의적인, 유리한
favorite [féivərit] 좋아하는 것

This cookie is the favorable woman's favorite.
이 쿠키는 그 호의적인 여인이 좋아하는 것이다.

---

few [fju:] 거의 없는
a few [ə fju:] 약간 있는

Few people believed him.
그를 믿는 사람은 거의 없었다.

He has a few friends.
그는 친구가 몇 명 있다.

---

found [faund] find(발견하다)의 과거 및 과거분사
found [faund] 세우다, 설립하다(found-founded-founded)

He founded the factory and found some chances.
그는 그 공장을 세우고 몇몇 기회를 발견했다.

---

flesh [fleʃ] 살, 고기
fresh [freʃ] 신선한

This flesh is fresh.
이 고기는 신선하다.

---

flight [flait] 비행
fright [frait 공포
freight [freit] 화물

He is a flight attendant with the stage fright.
그는 무대 공포가 있는 승무원이다.

The flight took off with a good deal of freight.
그 비행편은 많은 화물을 싣고 이륙했다.

folk [fouk] 사람들, 민속
fork [ɔ:rk] 포크
poke [fouk] 찌르다
pork [pɔ:rk] 돼지고기

The folks poked the pork with a fork.
그 사람들이 포크로 그 돼지고기를 찔렀다.

forth [fɔ:rθ] 앞으로
fourth [fɔ:rθ] 제4의

Go forth on the fourth of July.
7월 4일에 앞으로 나아가라.

globe [gloub] 지구, 구
glove [glʌv] 장갑

Your gloves are besides the globe.
너의 장갑은 지구본 옆에 있어.

hair [hɛər] 머리카락
hare [hɛər] 산토끼
heir [ɛər] 상속인

The heir with white hair caught a hare.
흰머리의 상속인이 산토끼를 잡았다.

healthy [hélθi] 건강한
healthful [hélθfəl] 건강에 좋은

He is healthy.
그는 건강하다.

This food is healthful.
이 음식은 건강에 좋다.

historic [histɔ́:rik] 역사적인
historical [histɔ́:rikəl] 역사상의

Finding this historical record is historic.
이 역사 기록을 발견한 것은 역사적이다.

human [ʰjúːmən] 인간의
humane [hjuːméin] 인도적인

This human activity is humane.
이러한 인간의 활동은 인도적이다.

imaginable [imǽdʒənəbl] 상상할 수 있는
imaginary [imǽdʒənèri] 상상의
imaginative [imǽdʒənətiv] 상상력이 풍부한

The dragon is an imaginary animal.
용은 상상의 동물이다.

The imaginative team took advantage of every means imaginable.
그 상상력이 풍부한 팀은 상상할 수 있는 모든 방법을 활용했다.

industrial [indʌ́striəl] 산업의
industrious [indʌ́striəs] 부지런한

Industrious people work in this industrial area.
부지런한 사람들이 이 산업지역에서 일한다.

intensive [inténsiv] 집중적인
intense [inténs] 강한

This is an intensive course.
이것은 집중 코스다.

Don't stay outdoors under this intense heat.
이런 혹서에는 야외에 있지 마라.

jealous [dʒéləs] 질투가 많은
zealous [zéləs] 열심인

Thomas is zealous to please his jealous wife.
토마스는 질투가 심한 아내를 즐겁게 해주는 데 열심이다.

laser [léizər] 레이저
razor [réizər] 면도칼

> **This is as sharp as a razor.**
> 이것은 면도칼처럼 날카롭다.

> **Laser is used to cut diamond.**
> 레이저는 다이아몬드를 자르는 데 사용된다.

lie [lai] 눕다, 놓여 있다(lie-lay-lain-lying)
lie [lai] 거짓말(하다)(lie-lied-lied-lying)
lay [lei] 놓다(lay-laid-laid-laying)

> **He laid down his bag and lay on the grass.**
> 그는 가방을 내려놓고 풀밭에 누웠다.

> **He lied that the island lies near the land.**
> 그는 그 섬이 육지에서 가까운 곳에 있다고 거짓말했다.

literal [lítərəl] 문자 그대로의
literate [lítərət] 글을 읽고 쓸 줄 아는 ↔ illiterate
literary [lítərèri] 문학의

> **The literal meaning of this is 'illiterate.'**
> 이것의 문자 그대로의 의미는 '읽고 쓸 줄 모르는' 이다.

> **I have to finish the report on his literary works by tomorrow.**
> 나는 내일까지 그의 문학작품에 관한 리포트를 끝내야 해.

loose [lu:s] 헐렁한, 느슨한
lose [lu:z] 잃다

> **He is likely to lose her because of his loose manners.**
> 그는 느슨한 매너 때문에 그녀를 잃을 것 같다.

loyal [lɔ́iəl] 충실한
royal [rɔ́iəl] 왕의

> **They are the loyal people to the royal family.**
> 그들은 왕족에게 충직한 사람들이다.

memorable [mémərəbl] 기억할 만한
memorial [məmɔ́:riəl] 기념의

Today is a memorable memorial day.
오늘은 기억할 만한 기념일이다.

momentary [móuməntèri] 순식간의
momentous [mouméntəs] 중요한

The momentous moment is momentary.
중요한 순간은 순식간이다.

pedestrian [pədéstriən] 보행자
pediatrician [pì:diətríʃən] 소아과 의사

This pedestrian is a pediatrician.
이 보행자는 소아과 의사다.

pray [prei] 기도하다
prey [prei] 사냥감, 미끼
play [plei] 놀다, 장난치다

They prayed for prey.
그들은 사냥감을 찾도록 기도했다.

The cat is playing with its prey.
그 고양이는 자신의 사냥감을 가지고 놀고 있었다.

physician [fizíʃən] 내과의사 ↔ surgeon(외과의사)
physicist [fízəsist] 물리학자

He is a physicist and physician.
그는 물리학자이자 내과의사다.

principal [prínsəpəl] 교장; 주요한
principle [prínsəpl] 원칙

This is a principal principle.
이것은 중요한 원칙이다.

pulse [pʌls] 맥박
purse [pəːrs] 지갑

As soon as she took the purse, her pulse was beating.
그녀가 그 지갑을 집자마자 맥박이 뛰었다.

---

quiet [kwáiət] 조용한
quite [kwait] 아주

This is a quite quiet place.
이곳은 아주 조용한 장소다.

---

respectable [rispéktəbl] 존경받을 만한
respective [rispéktiv] 각자의

They are respectable respectively.
그들은 각자 존경받을 만하다.

---

rise [raiz] 일어나다(rise-rose-risen)
raise [reiz] 올리다, 재배하다(raise-raised-raised)

As the Sun rose, Michael raised the flag.
태양이 떠오르자, 마이클은 깃발을 올렸다.

---

saw [sɔː] 톱; 톱질하다; see의 과거
sew [sou] 깁다, 바느질하다
sow [sou] 씨 뿌리다

He is sawing the log in the yard, and his wife is sewing his shirt in the living room.
그는 마당에서 통나무를 자르고 있고, 그의 아내는 거실에서 그의 셔츠를 깁고 있다.

Sumin saw them sow.
수민이는 그들이 씨 뿌리는 것을 봤다.

sensible [sénsəbl] 지각 있는
sensitive [sénsətiv] 민감한
sensual [sénʃuəl] 관능적인, 육감적인

She is sensible enough not to do such a thing.
그녀는 그런 일을 하지 않을 만큼은 지각이 있다.

This sensual woman is sensitive to this matter.
이 관능적인 여인은 이 문제에 민감하다.

---

soar [sɔːr] 치솟다
sore [sɔːr] 쓰린, 아픈

When a bird soared, I felt sore.
새가 날자, 난 쓰라림을 느꼈다.

---

stationary [stéiʃənèri] 움직이지 않는, 정지된
stationery [stéiʃənèri] 문방구

The stationery store sells only stationary things.
그 문방구점은 움직이지 않는 것만 판다.

---

statue [stǽtʃuː] 상(像)
state [steit] 주

The Statue of Liberty is not in Washington State.
자유의 여신상은 워싱턴 주에 있지 않다.

---

successful [səksésfəl] 성공적인
successive [səksésiv] 연속하는

They all were successful successively.
그들 모두는 연속적으로 성공했다.

---

superior [səpíəriər] 우월한
inferior [infíəriər] 열등한

I am not inferior to you, but superior.
난 너보다 열등하지 않고 우월하다.

sweat [swet] 땀
sweet [swi:t] 달콤한

This sweat is sweet.
이 땀은 달콤하다.

---

thorough [θə́:rou] 철저한
through [θru] ~을 통해

You can have thorough exam through this machine.
당신은 이 기계를 통해 철저한 조사를 받을 수 있다.

---

toe [tou] 발가락
tow [tou] 견인하다

The driver of the tow truck has only nine toes.
견인차 운전사는 9개의 발가락만 있다.

---

vacation [veikéiʃən] 휴가
vocation [voukéiʃən] 직업

She found her vocation during the vacation.
그녀는 휴가중에 천직을 찾았다.

---

variable [vɛ́əriəbl] 변덕스런; 변수
various [vɛ́əriəs] 다양한

The plan with various variables is variable.
다양한 변수를 가진 계획은 변동되기 쉽다.

---

wander [wándər] 방랑하다, 떠돌아다니다
wonder [wʌ́ndər] 불가사의한 것; 의아하게 여기다

He wondered why she was wandering.
그는 왜 그녀가 떠돌아다니는지 의아해했다.

warm [wɔːrm] 따뜻한
worm [wəːrm] 벌레

The warm weather attracted a lot of worms.

따뜻한 날씨가 많은 벌레를 유인했다.

---

warship [wɔ́ːrʃip] 전함
worship [wə́ːrʃip] 예배(하다), 숭배(하다)

The captain of this warship is worshiping.

이 전함의 선장은 예배보고 있다.

account [əkáunt] ① 계좌 ② 설명하다

Here is his bank account.
여기 그의 은행 계좌가 있다.

The result accounts for his behavior.
그 결과가 그의 행동을 설명해준다.

address [ədrés] ① 주소 ② 연설 ; 연설하다

His address is very impressive.
그의 연설은 아주 인상적이다.

His address is not Seoul.
그의 주소는 서울이 아니다.

attribute [ətríbjuːt] ① 특성 ② ~의 탓으로 돌리다

He attributed the result to her mistake.
그는 결과를 그녀의 실수 탓으로 돌렸다.

The attribute of this machine is quite unexpected.
이 기계의 특성이 아주 예상 밖이다.

bar [bɑr] ① 막대기 ② 술집

You are not allowed to have a bar here.
당신은 여기에서 막대기를 가지고 있을 수 없습니다.

He used to drink at that bar.
그는 저 술집에서 술을 마시곤 했다.

bark [bɑːrk] ① (개 따위가) 짖다 ② 나무껍질; 껍질을 벗기다

The barking dog is barking the tree.
그 짖는 개가 나무껍질을 벗기고 있다.

---

bill [bil] ① 계산서, 청구서 ② 지폐 ③ 법안

The bill was passed, so I paid the bill.
그 법안이 통과되어서 내가 계산서를 지불했다.

I wanted to pay it but I had only 100-dollar bill.
내가 내고 싶었지만 100달러짜리 지폐밖에 없었다.

---

company [kʌ́mpəni] ① 동행, 동료 ② 회사

We got a company.
일행이 따르고 있어.

We worked for a big company.
우리는 큰 회사에서 일했다.

---

count [kaunt] ① 중요하다 ② 세다

Counting doesn't count.
세는 것은 중요하지 않다.

---

critical [krítikəl] ① 비평(가)의 ② 결정적인

The critical opinion is critical to him.
그 비평적인 의견은 그에게 결정적이다.

---

degree [digríː] ① 정도 ② (온도 등의) 도 ③ 학위

I got a master's degree.
난 석사학위를 땄어.

The thermometer says 37 degrees Celsius.
온도계가 섭씨 37도를 가리키고 있다.

domestic [dəméstik] ① 가정의 ② 국내의

One of the major domestic problems now is domestic violence.
현재 주요 국내문제 중 하나는 가정폭력이다.

draw [drɔː] ① 그리다 ② 끌어당기다

He draws attention by drawing things.
그는 무언가를 그림으로써 주목을 끈다.

due [djuː] ① 만기가 된 ② ~할 예정인

The due date is due to change.
만기일이 바뀔 예정이다.

even [íːvən] ① 평평한 ② 짝수의 ③ ~조차도

Even she doesn't like even numbers.
심지어 그녀조차도 짝수를 좋아하지 않는다.

facility [fəsíləti] ① 재주, 재능 ② (보통 복수) 시설

These are the public facilities for the residents.
이것들은 주민들을 위한 공공시설이다

He has facility in repairing electric appliances.
그는 전기제품을 고치는 데 재주가 있다.

fair [fɛər] ① 공정한 ② 박람회

The contest in the fair was fair.
박람회의 콘테스트는 공정했다.

fall [fɔːl] ① 떨어지다 ② 가을(= autumn) ③ (보통 복수로) 폭포

Leaves fall in fall.
낙엽은 가을에 떨어진다.

Niagara Falls lies in the border area of USA and Canada.
나이아가라 폭포는 미국과 캐나다의 접경에 위치해 있다.

figure [fígjər] ① 주요인물, 명사 ② 수치; 계산하다

One of the figures pointed that this figure is significant.
주요 인물 중의 하나가 이 수치가 중요하다고 지적했다.

fine [fain] ① 좋은 ② 벌금

Paying the fine is fine, but it is too expensive.
벌금을 내는 건 좋지만 너무 비싸다.

free [fríː] ① 자유로운 ② 무료의 ③ ~이 없는

He is free.
그는 자유롭다.

These brochures are free.
이 안내책자는 공짜다.

This is a sugar-free gum.
이건 무설탕 껌이야.

labor [léibər] ① 노동 ② 산고

She has been in labor for 20 hours.
그녀는 20시간째 진통중이다.

The labor union decided to go on strike.
노동조합은 파업하기로 결정했다.

leave [liːv] ① 휴가 ② 떠나다; 남겨 두다

She left for LA on her leave.
그녀는 휴가 때 LA로 떠났다.

My family left me alone.
내 가족들은 나를 혼자 남겨두었다.

odd [ad] ① 홀수의(↔ even) ② 이상한

It is odd to hate odd numbers.
홀수를 싫어하다니 이상하다.

order [ɔ́ːrdər] ① 질서, 순서 ② 명령(하다) ③ 주문(하다)

He ordered Bulgogi.
그는 불고기를 주문했다.

The city is now in order.
도시가 이제 질서가 잡혔다.

The captain ordered his men to retreat.
그 대위는 자신의 부하들에게 후퇴하라고 명령했다.

page [eidʒ] ① 페이지, 쪽 ② 이름을 불러 찾다, 호출하다

Don't page me until I finished reading this page.
내가 이 페이지를 다 볼 때까지 호출하지 마.

physical [fízikəl] ① 육체의 ② 물리적인, 물질적인

The physical exercise is very hard for you.
당신에게 육체적 운동은 매우 힘들다.

This task is physically impossible.
이 일은 물리적으로 불가능하다.

practice [præktis] ① 실행(하다) ② 연습(하다)

He practiced a lot.
그는 연습을 많이 했다.

He practiced the plan.
그는 계획을 실행에 옮겼다.

rear [riər] ① 뒤(의) ② 기르다

He glanced at me through the rear-view mirror.
그는 백미러로 나를 흘긋 봤다.

She is rearing animals in the rear yard.
그녀는 뒤뜰에서 동물을 기르고 있다.

rock [rak] ① 바위 ② 흔들다

The kid stepped on the rock and tried to rock branches.
그 아이는 바위에 올라가 나뭇가지를 흔들려고 애썼다.

sentence [séntəns] ① 문장 ② 선고(하다)

He was sentenced to death for the serial murders.
그는 연쇄살인 혐의로 사형 선고를 받았다.

These sentences are too long.
이 문장들은 너무 길어.

stick [stik] ① 막대기 ② 고수[고집]하다, 찌르다

The people with sticks there stick to their own customs.
저기 막대기를 들고 있는 사람들은 자신들의 관습을 고수한다.

succeed [səksíːd] ① 성공하다(in) ② 뒤를 잇다, 계승[상속]하다(to)

He succeeded in his first business.
그는 첫 사업에서 성공했다.

He succeeded to his father's house.
그는 아버지 집을 상속받았다.

take off [teik ɔːf] ① 이륙하다(↔ land) ② 벗다(↔ put on)

> **The plane already took off.**
> 비행기가 이미 이륙했다.

> **Please take off your shoes.**
> 신발을 벗어주세요.

---

term [təːrm] ① 용어 ② 기간 ③ 조건, 조항

> **I am memorizing new terms for the mid-term exam.**
> 난 중간고사를 위해서 새 용어들을 암기하고 있다.

> **Please sign here if you agree these terms.**
> 이 조건들에 동의하시면 여기에 사인해주세요.

---

tip [tip] ① 끝 ② 팁, 사례금 ③ 조언, 힌트

> **All is up to his finger tips.**
> 모든 것은 그의 손가락 끝에 달려 있다.

> **I gave him 15% of tip.**
> 나는 그에게 15퍼센트의 팁을 주었다.

> **Is there any tip in solving this problem.**
> 이 문제를 푸는 힌트 같은 거 없습니까?

---

tongue [tʌŋ] ① 혀 ② 언어

> **Her name was on the tip of my tongue.**
> 그녀의 이름이 혀끝에서 맴돌기만 했다.

> **Korean is her mother tongue.**
> 한국말은 그녀의 모국어다.

---

yield [jiːld] ① 산출하다, 낳다 ② 양보하다

> **This yielded the good result.**
> 이것은 좋은 결과를 낳았다.

> **They yielded to her.**
> 그들은 그녀에게 양보했다.

Index

| E |